U0805605

全球产业分工与气候变化
——基于多区域投入产出模型

张增凯　著

国家自然科学基金项目（71974141，71733003，71603179）

科学出版社
北京

内 容 简 介

优化全球产业布局和应对全球气候变化，是当今社会各国面临的共同挑战，也是业界和学界关注的热点。本书紧密围绕产业分工与气候变化之间的关系展开研究，基于投入产出模型提出了异质性贸易形式隐含碳排放核算、贸易隐含碳足迹跨境次数核算、基于投资的碳排放核算等一系列方法体系，有益于读者认识全球产业分工与气候变化之间的关系，有利于探索应对全球气候变化国际合作新模式，有助于辨识在气候变化背景下我国在全球产业分工格局中的新角色。

本书适用于公共管理、应用经济与环境管理领域的硕士、博士研究生和学者，并可供产业政策和气候变化领域的政府部门、有关企事业单位从业人员参考阅读。

图书在版编目（CIP）数据

全球产业分工与气候变化：基于多区域投入产出模型 / 张增凯著. —北京：科学出版社，2021.10

ISBN 978-7-03-070030-8

Ⅰ. ①全… Ⅱ. ①张… Ⅲ. ①国际分工—研究 ②气候变化—研究—世界 Ⅳ. ①F114.1 ②P467

中国版本图书馆 CIP 数据核字（2021）第 206822 号

责任编辑：徐 倩 / 责任校对：王晓茜
责任印制：张 伟 / 封面设计：无极书装

科 学 出 版 社 出版
北京东黄城根北街 16 号
邮政编码：100717
http://www.sciencep.com
北京凌奇印刷有限责任公司 印刷
科学出版社发行 各地新华书店经销
*
2021 年 10 月第 一 版 开本：720 × 1000 1/16
2022 年 5 月第二次印刷 印张：8 1/2
字数：172 000

定价：92.00 元

（如有印装质量问题，我社负责调换）

前　　言

全球产业分工与全球气候变化是工业革命之后产生的两个重要议题。产业分工推动经济快速发展，伴随着温室气体排放快速增长，气候变化加剧。随着气候变化问题逐渐被重视，碳减排约束成了影响全球产业分工格局的重要因素。优化全球产业布局和应对全球气候变化，是当今社会各国面临的共同挑战，也是业界和学界关注的热点。本书作者长期聚焦于全球产业分工与全球气候变化领域的研究。希望通过本书对前期研究成果进行系统梳理，将之前相对零散的研究成果完整地呈现给读者。本书相关研究成果已经发表在 *Nature Climate Change*、*One Earth*、*Ecological Economics*、*Energy Economics* 等领域权威期刊，具有较高的学术水平，值得广大读者借鉴和参考。

本书聚焦于从全球产业分工的视角探讨气候变化应对方案，专注于投入产出模型在这两个领域的应用。自 20 世纪 70 年代诞生以来，投入产出模型一直是经济分析的重要工具，发展已经相对成熟。但是如何有效应用于全球价值链和气候变化领域，是近年来投入产出领域关注的焦点，也是作者近年来主要的研究方向。希望本书提出的污染天堂假说检验方法、碳足迹跨境次数核算方法体系、基于投资的碳排放核算方法体系等能够对读者深入思考全球产业分工与全球气候变化有所帮助。

本书共包括五篇。第一篇介绍研究背景与模型基础，帮助读者认识全球产业分工和气候变化的背景，掌握投入产出模型的基础知识。第二篇介绍产业分工与贸易隐含排放，提出产业分工视角下的污染天堂假说检验方法和碳转移路径长度核算方法。第三篇介绍产业分工与碳减排责任分解，提出基于技术调整的碳排放核算方法和基于投资的碳排放核算方法，分析产业分工对不同碳减排责任之间转换的影响。第四篇介绍产业分工与边境碳调整政策，分析产业分工对于碳税政策和出口碳补贴政策实施效果的影响。第五篇介绍全球产业分工视角下中国碳排放，即产业分工对中国碳排放的影响，提出全球产业分工降低了中国出口碳排放强度但加剧了地区间隐含出口排放和收益的不均衡分配。

目　　录

第一篇　研究背景与模型基础

第二篇　产业分工与贸易隐含排放

第三篇　产业分工与碳减排责任分解

第四篇　产业分工与边境碳调整政策

第五篇　全球产业分工视角下中国碳排放

第一篇　研究背景与模型基础

第一章　全球产业分工与气候变化背景

全球产业分工与气候变化是近年来学术界和业界关注的两个热点话题，也在潜移默化中影响着每个人的工作和生活。近年来，企业并不是追求建立完整的产业链，而是选择专业化于产业链的部分生产环节。全球产业分工为中国融入全球产业链创造了机会，也直接或间接创造了无数工作岗位。我们在迎接全球产业分工带来的各种机会的同时，也面临着气候变化造成的一系列挑战。极端天气频发、海平面上升、冰川融化等问题正在威胁着我们正常的生产生活。本章介绍全球产业分工与气候变化背景，为读者理解后续章节具体的研究问题奠定基础。

第一节　全球产业分工

1776 年，英国古典经济学家亚当·斯密撰写的《国富论》出版，该书系统地阐述了劳动分工对提高劳动生产率和增加社会财富的巨大作用。亚当·斯密以制针业为例，指出制针过程总共包括 18 个工序，如果 10 个工人分工劳动，每个工人负责 1～2 项工序，制针效率比分工前高 240 倍。分工和专业化既是古典经济学的重要研究内容，也是以杨小凯为代表的新兴古典经济学分析框架的重要组成部分。新兴古典经济学认为经济学是研究经济活动中各种两难冲突的学问，并试图从分工与交易费用这一两难冲突出发解释大部分的经济现象。20 世纪 90 年代以来，随着地区间贸易成本的不断降低，全球产业分工深度和广度的提升是改变地区经济结构和扩大经济总量的重要驱动力。

地理大发现之前只存在极不发达的地域分工，地理大发现正式开启了全球产业分工的大门，大航海时代也是全球产业分工的萌芽阶段。15 世纪的奴隶贸易把美洲、非洲等地区都卷到了国际分工体系中，出现了宗主国与殖民地之间国际分工的初始形式。欧洲奴隶贩子将纺织品和工业品运输到非洲并交换当地的奴隶，进而将奴隶贩卖到美洲从事矿产开采和农产品生产，最后将美洲的糖、烟草和工业原材料运回欧洲。最初的三角贸易有效解决了生产活动所面临的土地供给和劳动力供给约束，即美洲大陆的发现解决了农业生产的土地要素约束，从非洲到美洲的奴隶贸易进一步解决了劳动力要素约束，欧洲通过奴隶贸易赚取的巨额利润为欧洲经济发展提供了资本支撑。奴隶贸易虽然损害了非洲和美洲的利益，但也实现了生产要素的全球流动，解决了经济发展的生产要素约束，推动了全球经济的发展。

18 世纪英国工业革命之后，国际分工体系逐渐建立。英国建立起了以机器大工业为基础的资本主义生产方式，将更多的国家卷入全球生产分工体系，形成了工业国和农业国之间的国际生产分工格局。1860 年，有“世界工厂”美誉之称的英国，其工业总产值已经占全球的 1/3，钢铁产量占到了全球总产量的一半。19 世纪 70 年代开始的第二次科技革命之后，逐渐形成了门类比较齐全的全球分工体系，越来越多的国家被卷到该体系中来，不同国家在全球生产分工格局中的角色也发生了巨大的变化。1913 年，英国占全球工业品总产值的比重下降到 14%，同期美国的份额则上升到 36%，美国取代英国成为全球生产分工的主导者。在该阶段，制造业主要集中在核心工业国家，在向边缘国家和地区出口制成品的同时，大量进口边缘国家和地区的初级产品。

第二次世界大战之后，以美国为代表的工业国家开始将制造业向东亚国家和地区转移，逐渐形成了以美国、日本和亚洲四小龙（韩国、中国台湾、中国香港和新加坡）为核心的贸易格局。美国向日本与亚洲四小龙输出技术和资本，日本除了直接生成一部分产品并出口给美国外，主要把技术、资金和零部件等中间材料输出给亚洲四小龙，亚洲四小龙则利用其廉价劳动力进行产品的最终加工，并把产品销售给日本和美国。随着日本和亚洲四小龙的劳动力成本上升，生产企业逐渐向中国转移。中国实施改革开放政策之后，以美国为代表的发达国家加快向中国输出技术和资本，利用中国低廉的劳动成本和宽松的环境规制，将其打造为向发达国家提供消费品的“世界工厂”。

例 1.1　波音 737 MAX 停飞波及全球产业链

2018 年 10 月，印度尼西亚狮子航空的一架波音 737 MAX 8 型客机于起飞后 13 分钟坠毁于爪哇海，机上 189 人遇难。2019 年 3 月，埃塞俄比亚航空的一架波音 737 MAX 8 型客机在起飞 6 分钟后坠毁，机上 157 人遇难。两起空难均疑似为在起飞阶段迎角传感器故障，导致机动特性增强系统过度反应并最终造成飞机坠毁。两架波音 737 MAX 8 型客机坠毁之后，已交付的 371 架波音 737 MAX 系列客机均被停飞，新生产的波音 737 MAX 系列客机停止交付客户，波音公司于 2020 年 1 月起暂停生产 737 MAX 型客机。

波音公司在全球共有约 900 家供应商，提供机身、发动机、机翼、反推装置等零部件。波音 737 MAX 系列客机停产不仅对波音公司造成影响，还波及上游产业链。作为波音公司最大的零部件供应商的势必锐航空系统公司，主要为波音 737 MAX 系列客机生产机身等零件，每年将近 80%应收款来自波音公司的订单。波音 737 MAX 系列客机停产之后，势必锐航空系统公司就停止了招聘，而且准备大规模裁员。据《华尔街日报》报道，波音 737 MAX 系列客机停产将严重影响为波音生产发动机的通用电气公司，可能造成通用电气公司 20 亿美元现金流的减少。除供应商外，航空公司、旅游公司等也都将受到波音 737 MAX 停产的影响。美国西南航空公司作为波音 737 MAX 的最大买家，波音 737 MAX 的停飞导致其 2019 年营业收入比预期减少了 8.3 亿美元。美国西南航空公司已与波音公司达成补偿协议，补偿金额达 1.25 亿美元。美国蒂尔集团咨询公司的分析师理查德·阿布拉菲亚认为，波音 737 MAX 客机停产大概率会影响美国 2020 年第一季度的经济表现。

全球产业分工促进了全球经济的快速发展，但也导致了一系列的社会和环境问题，如环境污染加重和贫富差距扩大。认识全球产业分工格局的演进规律、明确全球产业分工的影响机理，是推动国际合作以探寻全球性问题解决途径的关键。本书选择近年来被广泛关注的全球气候变化问题作为研究重点，试图从全球产业分工的视角探索气候变化的应对策略。

第二节　全球气候变化

气候是指大气物理特征的长期平均状态，是一个地区长时期内气温、降水、光照等自然地理要素的平均值和离差值表征。根据世界气象组织的规定，一个标准气候计算时间为 30 年。全球气候变化是指在全球范围内，气候平均状态统计学意义上的巨大改变或者持续较长一段时间的气候变动。造成气候变化的原因可能是气候系统的内部因素，也可能是人为地改变大气组成成分。联合国气候变化框架公约对气候变异和气候变化做了具体区分：气候变异强调自然因素导致的气候的短期波动，而气候变化强调人为因素导致的气候的长期改变。本书重点关注经济生产活动格局的变迁对全球气候变化的影响。

地球在吸收太阳辐射的同时，也通过长波向外层空间辐射热量，以实现大气温度在平均水平上维持稳定。工业革命推动了化石能源的开采和使用，导致了大气中二氧化碳、甲烷、氧化亚氮等温室气体的大量增长。温室气体通过吸收地球长波辐射，阻挡热量从地球向外逃逸，导致大气温度持续升高。地球和气候系统的一些反馈过程可能会加剧温室气体排放导致的全球气候变化。例如，全球变暖导致两极冰层融化，陆地与海洋具有更低的反射率，会吸收更多的太阳辐射，导致大气温度升高进一步加剧。大气温度升高导致永久冻土层融化，它释放出的二氧化碳进一步增加了大气中温室气体的含量，加剧全球气候变化。2015 年，全球温度相较工业革命前水平，已经上升了 1 摄氏度，并且最快可能在 2030 年达到 1.5 摄氏度。

政府间气候变化专门委员会指出，全球温升一旦超过 1.5 摄氏度，将产生更具破坏性的影响，如粮食减产、海平面上升、极端天气频发等全球性问题，威胁人类的可持续性发展。全球气候变化会造成蝗虫等害虫更加活跃，导致虫害蔓延；同时会显著降低蜜蜂数量，影响农作物授粉。全球 3/4 人口的居住地离海岸线不足 500 千米，全球气候变化引起的极低冰川融化会导致海平面上升，对沿海居民生产生活造成影响。同时气温升高会提高超大型台风、飓风、海啸等自然灾害的发生频率，严重威胁沿海地区居民生命财产安全。联合国报告指出，1998～2017 年遭受灾害的国家报告的直接经济损失为 2908 亿美元，其中与气候有关的灾害造成的损失占比达到了 77%。我们正处在应对气候变化的关键时刻，气候变化适应活动实施时间越晚，行动越困难，而且成本更高。

1992 年，《联合国气候变化框架公约》正式提出全球气候变化是人类面临的重要挑战，要求各缔约方根据其共同但有区别的责任和各自的能力及其社会与经济条件，尽可能开展最广泛的合作，并参与有效和适当的国际应对行动。1997 年 12 月 11 日，《联合国气候变化框架公约》参加国在日本京都制定了《京都议定书》，其目标是将大气中的温室气体含量稳定在一个适当的水平，进而防止剧烈的气候改变对人类造成伤害。2005 年，《京都议定书》生效。在第一个执行期，发达国家二氧化碳排放量基本保持稳定，但是发展中国家二氧化碳排放量却快速增长，导致了全球碳排放总量不降反升。2015 年联合国 195 个成员方通过《巴黎协定》，各个国家根据自己的实际情况承诺相应的自主贡献方案。以“自下而上”的治理方式取代《京都议定书》“自上而下”的减排路径，国家自主贡献成为 2020 年后全球应对气候变化的新模式。但是，目前各国的减排承诺仍不足以实现《巴黎协定》将全球温升控制在 2 摄氏度以内的目标，控制全球气候变化仍然任重而道远。

例 1.2　中国积极应对全球气候变化

中国是温室气体排放量最高的国家，也面临着气候变化带来的各种威胁。近年来，中国通过设定节能减排约束性指标、建立碳排放权交易市场、制订应对气候变化方案等方式积极应对气候变化，在全球应对气候变化行动中扮演着越来越重要的角色。

2006 年，中国提出了 2010 年单位国内生产总值能耗比 2005 年下降 20%左右的约束性指标。

2007 年，中国国家应对气候变化及节能减排工作领导小组、国家发展和改革委员会（以下简称国家发改委）制订了《中国应对气候变化国家方案》，成为发展中国家中第一个制订并实施了应对气候变化国家方案的国家。

2009 年，中国确定了到 2020 年单位国内生产总值二氧化碳排放比 2005 年下降 40%～45%的行动目标。

2011 年，国家发改委办公厅下发了《关于开展碳排放权交易试点工作的通知》，批准北京、天津、上海、重庆4大直辖市，外加湖北、广东、深圳等7省市，开展碳排放权交易试点工作。

2015年，中国政府向《联合国气候变化框架公约》秘书处正式提交了应对气候变化国家自主贡献文件。中国确定了到2030年的自主行动目标，其中包括：二氧化碳排放在2030年左右达到峰值并争取尽早达峰；单位国内生产总值二氧化碳排放比2005年下降60%～65%，非化石能源占一次能源消费比重达到20%左右，森林蓄积量比2005年增加45亿立方米左右。

2017年，国家发改委印发《全国碳排放权交易市场建设方案（电力行业）》，标志着全国碳排放交易体系完成了总体设计，并正式启动。

……

第三节　产业分工与气候变化之间的关系

全球产业分工与全球气候变化是工业革命之后产生的两个重要议题，两者相互交融、相互影响。国际产业通过推动经济快速发展增加了全球温室气体排放，从而加剧了气候变化。随着气候变化问题逐渐被重视，碳减排措施也成了影响产业分工的重要因素。加强国际合作、优化区域产业分工格局是破解气候变化难题的关键。

全球产业分工通过生产要素的有效配置推动经济发展，也促进了温室气体排放量的快速增长。发达国家将部分生产环节外包给发展中国家，主要目的是利用发展中国家较低的人力成本，以降低产品的生产总成本。以降低成本为目的的全球产业分工，虽然在一定程度上促进了经济的发展，但同时带来了一系列的环境问题。发展中国家通过融入全球产业分工可以实现经济的快速发展，但是其自身相对落后的生产技术和更高的碳排放强度会导致温室气体排放的快速增长，发展中国家逐渐成为发达国家的污染天堂。改革开放以来，中国实现了长达几十年的经济高速增长，迅速成长为世界第二大经济体，但也成了全球碳排放量最高的国家。气候变化是一个全球性问题，发达国家可以将二氧化碳排放转移到发展中国家，但自身同样遭受着气候变化带来的影响。

随着各国政府纷纷采取措施积极应对全球气候变化，减排行动也在一定程度上影响着全球产业分工格局。在应对气候变化行动的早期阶段，发达国家采取的碳减排措施促进了高排放生产环节向发展中国家转移。例如，《京都议定书》并未规定发展中国家的减排责任，导致发达国家通过将高排放生产环节外包给发展中国家来减低本国的碳排放。为了应对从发达国家向发展中国家的碳转移对于碳减排措施实施效果的影响，发达国家考虑采用边境碳调整措施对未实施减排措施的进口商品征收碳关税，或者对本国出口商品进行补贴。边境碳调整措施有利于促进具有更低排放水平的国家参与全球产业分工，从而影响全球产业分工格局。大型跨国公司在进行全球布局时，也将碳减排作为上游供应商选择的重要参考依据。例如，苹果公司推出了“供应商清洁能源计划”，沃尔玛百货有限公司计划在2015～2030年降低自身及上游供应商碳排放量十亿吨。

本书紧密围绕产业分工与气候变化之间的关系，从产业分工对温室气体排放的影响，产业分工背景下区域碳减排责任分解、中国参与国际产业分工典型特征及对其碳排放影响等角度展开论述。本书内容有助于读者认识全球产业分工与气候变化之间的关系，有利于探索应对全球气候变化国际合作新模式，有助于辨识在气候变化背景下我国在全球产业分工格局中的新角色。

第二章　多区域投入产出模型基础

可以用于研究全球产业分工和气候变化的分析工具很多，每一种分析工具都有其长处与不足。本书不追求研究方法的多样化，而是专注于投入产出模型在这两个领域的应用。投入产出模型从20世纪70年代诞生以来，一直是经济分析的重要工具。尤其是近年来，被广泛应用于全球价值链和气候变化领域的研究。本章介绍投入产出模型的基础知识，为读者理解后续章节中该模型在该领域的应用做准备。

第一节　投入产出模型简介

美国经济学家里昂惕夫（Wassily W. Leontief）在1936年提出投入产出模型，为研究社会生产各部门之间的相互依赖关系，特别是系统地分析经济内部各产业之间错综复杂的交易提供了一种实用的经济分析方法。1973年，里昂惕夫以投入产出模型创始人身份获得了瑞典皇家科学院颁发的诺贝尔经济学奖。之后，学者继续对投入产出模型进行着拓展和创新，我国学者在投入产出模型理论和应用领域做出了非常重要的贡献。例如，中国科学院陈锡康研究员于1989年在国际上首先提出投入占用产出模型，不仅研究部门间产品的投入与产出的关系，而且研究各部门所拥有的固定资产、劳动力和自然资源与各部门产出之间的关系。

例 2.1　里昂惕夫简介

里昂惕夫于1906年夏天生于彼得堡。1921年，考入了彼得堡大学，专修社会学，1925年取得了社会学硕士学位。毕业后被校方留任为助教。当苏维埃政权建立起来的时候，苏联亟须恢复和发展经济。里昂惕夫的父亲参加了编制1923～1924年苏联国民经济平衡表的工作，社会与家庭各方面的影响和时代的需要，使这位还在攻读硕士学位的年轻人，对经济学问题产生了浓厚的兴趣，开始了这方面的探索。里昂惕夫一边担负繁重的教学工作，一边阅读有关经济学理论的书籍。里昂惕夫于1927年进入柏林大学博士研究生班继续深造。1928年，取得了柏林大学的博士学位。1930年，

里昂惕夫移居美国后，到美国经济研究局任助理研究员，1932～1975年在哈佛

大学工作，1975 年以后在纽约大学工作。里昂惕夫于 1936 年在美国的“经济统计评论”上发表了“美国经济系统中的投入与产出数量关系”一文（Leontief，1936）。这是投入产出技术中最早发表的论文。

投入产出模型中的投入是指一个系统进行某项活动过程中的消耗，总投入包括中间投入与最初投入两部分。中间投入是指生产过程中对各部门产出的消耗，如对材料、动力和劳务等的消耗。最初投入是指生产过程中对初始要素，如固定资产、劳动等的消耗，即固定资产折旧、从业人员报酬等。投入产出模型中的产出是指一个系统进行某项活动过程的结果。系统进行各项活动的投入与产出之间具有一定的数量规律性。投入产出模型利用数学方法和计算机研究某个系统，如经济系统各项活动中的投入与产出之间的数量关系，特别是研究和分析国民经济各个部门在产品的生产和消耗之间的数量依存关系。

投入产出模型最初应用于第二次世界大战之后美国的经济预测。第二次世界大战结束前夕，研究者利用投入产出模型研究军备开支减少及民用支出增加对美国经济的各种影响，预测战争结束后美国的就业状况，以及第二次世界大战结束后经济活动对钢的需求量。在第二次世界大战期间，由于战争的需要，美国的钢铁生产获得高速发展，粗钢产量达到 9000 多万吨。战争结束后，很多钢铁企业负责人认为钢产量将急剧下降，在较长时期美国钢铁工业将产能过剩，即生产能力超过需求。美国劳工统计局基于投入产出模型测算结果在 1945 年指出，战后美国对钢的需求可能短期下降，但终将恢复和超过第二次世界大战期间的最高水平。这些意见当时没有被一些大企业所接受。但随后的事实说明，美国 1950 年的钢产量就已经超过了战时最高水平。

投入产出模型在引入中国之后，在分析各国经济现实问题中得到了广泛应用，也为我国不同时期经济决策提供了重要参考。例如，中国科学院数学与系统科学研究院陈锡康研究员及其团队基于以投入占用产出模型为主的系统综合因素预测法长期研究全国粮食产量预测，在 1980～2009 年的 30 年中，平均预测误差为 1.8%，该研究在预测技术和实际应用上居国际领先地位；他们编制了 1999 年中国水利投入占用产出表及中国九大流域水利投入占用产出表，在此基础上，对水利投资的效益、水资源的影子价格、水利投资占国内生产总值及全社会固定资产投资和国家财政支出的最佳比重等进行了系统深入的研究；他们还开发了我国金融投入占用产出模型，将金融业分成银行业、证券业、保险业和其他金融行业，测算了金融业和其他行业的关联系数，分析研究金融部门与其他部门各自变化的交互影响效应问题。

近年来，投入产出模型在产业分工和气候变化领域得到了非常广泛的应用，研究成果发表在《美国经济评论》《美国科学院院刊》《中国社会科学》等国内外顶级期刊。例如，Koopman 等（2014）基于投入产出模型提出了一国总出口的分解法，将出口分解为具有不同经济含义的几部分，研究成果发表在《美国经济评论》。王直等（2015）扩展了 Koopman 等（2014）的分解法，提出对多个层面（包括国家及部门层面、双边层面、双边及部门层面）的总贸易流量的分解法，建立了从官方贸易总值统计到贸易增加值统计（以增加值为标准的国民经济核算统计体系）的一套完整的核算法则，研究成果发表在《中国社会科学》。Feng 等（2013）基于投入产出模型分析了中国省际贸易隐含的二氧化碳排放，研究成果发表在《美国科学院院刊》。

投入产出表是投入产出模型的数据基础，是反映一定时期各部门间相互联系和平衡比例关系的一种平衡表。投入产出表采用棋盘式表格，水平方向上分为中间需求和最终需求两部分，垂直方向上分为中间投入和最初投入两部分，水平方向和垂直方向纵横交错构成四个象限，如表 2.1 所示。

表 2.1　投入产出表基本结构

<table>
<tr><td colspan="2" rowspan="2">投入产出关系</td><td>中间需求</td><td colspan="3">最终需求</td><td rowspan="2">总产出</td></tr>
<tr><td>1　2　…　n</td><td>消费</td><td>投资</td><td>净出口</td></tr>
<tr><td>中间投入</td><td>部门 1
部门 2
⋮
部门 n</td><td>I</td><td colspan="3">II</td><td></td></tr>
<tr><td rowspan="4">最初投入</td><td>固定资产折旧</td><td rowspan="4">III</td><td colspan="3" rowspan="4">IV</td><td rowspan="4"></td></tr>
<tr><td>从业人员报酬</td></tr>
<tr><td>生产税净额</td></tr>
<tr><td>营业盈余</td></tr>
<tr><td colspan="2">总投入</td><td></td><td colspan="3"></td><td></td></tr>
</table>

第 I 象限描述了国民经济各个部门之间的投入产出关系，称为中间消耗关系矩阵或中间流量矩阵，是投入产出表中最重要的一个象限。第 II 象限反映各部门提供最终产品的数量和构成情况（包括消费、投资和净出口），称为最终需求矩阵。第III象限反映各部门最初要素投入及构成（包括固定资产折旧、从业人员报酬、生产税净额、营业盈余），称为增加值矩阵。第IV象限为再分配象限，表示各部门的最初投入通过资金运动转变为最终需求的转换过程，以反映国民收入再分配的情况。但由于再分配的运动过程及机理较为复杂，目前编制的投入产出表的第IV象限为空白。

编制投入产出表通常有两种基本方法：直接分解法和间接推导法。直接分解法即从基层调查入手，由基层单位将其生产的各种不同产品的投入和产出按照投入产出的部门分类原则，分别划归到不同的产品部门中去，直接得到各个产品部门的投入产出资料。我国采用的是以直接分解法为主、间接推导法为辅的编表方法。间接推导法则通过编制各企业部门的投入表和产出表，然后根据一定的假定，采用数学方法和技巧推导出投入产出表。间接推导法是联合国统计局向世界各国推荐的编表方法。

1924 年，苏联中央统计局编制了 1923～1924 年国民经济平衡表，其中包括各种价值平衡表，如社会产品生产和分配平衡表、国民收入平衡表、部门间产品生产和分配平衡表，以及实物平衡表等。1941 年，哈佛大学出版社出版了里昂惕夫的著作 *Structure of the American Economy*，1919-1929（Leontief，1941），该书编制了美国经济 1919 年和 1929 年的投入产出表。1961 年苏联中央统计局编制了价值型和实物型投入产出表。2000 年以后约有 100 多个国家曾经编制和应用投入产出表。目前世界上只有一些经济不太发达的国家没有编制过投入产出表。1971 年，中国科学院一部分研究人员建议和发起编制了 1973 年国民经济投入产出表，之后曾编制 1979 年、1981 年投入产出表。根据中国科学院等一批专家和国务院发展研究中心马宾等的建议，国务院决定从 1987 年开始每隔五年进行一次较大规模的投入产出调查，在此基础上编制全国投入产出表。

根据地区间商品和劳务流动数据，将各地区投入产出表连接起来可以构成多区域投入产出表，全面地反映了各个地区不同产业之间的经济联系，是区域经济分析的重要基础工具。多区域投入产出表的主要结构形式如表 2.2 所示。目前编制地区间投入产出表的方法包括调查法、非调查法和混合编表法。调查法对各类大、中、小型企业的生产投入结构和产品流向结构分别进行调查，从而获得各地区不同部门产品在地区间流动的数据，编制出所需要的地区间投入产出表。非调查法基于已有的经济统计数据，采用数学模型估计出所需的地区间投入产出表。混合编表法是将调查法和非调查法相结合。目前，国务院发展研究中心、国家信息中心、中国科学院等机构定期发布中国多区域投入产出表。部分学者将不同国家间的投入产出表连接起来，构建了全球投入产出表。本书研究的主要数据基础即为全球投入产出表。

表 2.2　多区域投入产出表的主要结构形式

<table>
<tr><td colspan="3" rowspan="3">投入产出关系</td><td colspan="4">中间需求</td><td colspan="4">最终需求</td><td rowspan="3">总产出</td></tr>
<tr><td>地区 1</td><td>地区 2</td><td rowspan="2">…</td><td>地区 m</td><td rowspan="2">地区 1</td><td rowspan="2">地区 2</td><td rowspan="2">…</td><td rowspan="2">地区 m</td></tr>
<tr><td>部门1 部门2 … 部门 n</td><td>部门1 部门2 … 部门 n</td><td>部门1 部门2 … 部门 n</td></tr>
<tr><td rowspan="2">中间投入</td><td>地区 1</td><td>部门 1
部门 2
⋮
部门 n</td><td colspan="4" rowspan="2">I</td><td colspan="4" rowspan="2">II</td><td rowspan="2"></td></tr>
<tr><td>地区 2</td><td>部门 1
部门 2
⋮
部门 n</td></tr>
</table>

续表

<table>
<tr><td colspan="3" rowspan="3">投入产出关系</td><td colspan="4">中间需求</td><td colspan="4">最终需求</td><td rowspan="3">总产出</td></tr>
<tr><td>地区 1</td><td>地区 2</td><td rowspan="2">…</td><td>地区 m</td><td rowspan="2">地区 1</td><td rowspan="2">地区 2</td><td rowspan="2">…</td><td rowspan="2">地区 m</td></tr>
<tr><td>部门1 部门2 … 部门 n</td><td>部门1 部门2 … 部门 n</td><td>部门1 部门2 … 部门 n</td></tr>
<tr><td rowspan="2">中间投入</td><td>⋮</td><td>⋮</td><td colspan="4" rowspan="2">Ⅰ</td><td colspan="4" rowspan="2">Ⅱ</td><td rowspan="2"></td></tr>
<tr><td>地区 m</td><td>部门 1
部门 2
⋮
部门 n</td></tr>
<tr><td colspan="3">最初投入</td><td colspan="4">Ⅲ</td><td colspan="4">Ⅳ</td><td></td></tr>
<tr><td colspan="3">总投入</td><td colspan="4"></td><td colspan="4"></td><td></td></tr>
</table>

第Ⅰ象限描述不同地区间各个部门之间的投入产出关系。第Ⅱ象限反映不同地区各部门提供最终产品的数量和构成情况。第Ⅲ象限反映不同地区各部门最初要素投入及构成。第Ⅳ象限表示不同地区间收入再分配的情况。

第二节　单区域投入产出模型

投入产出模型是在某些基本假定的基础上对现实经济系统的抽象。投入产出模型的两个基本假定为：同质性假定和比例性假定。同质性假定又称“纯部门”假定，是假设每个部门只生产单一的产品，并具有单一的投入结构。比例性假定指任何一个部门的产出量与对各部门的中间投入需求量成比例，且各种投入之间有着固定的比例关系。基于这两个基本假定，投入产出模型以线性方程组的形式，实现对宏观经济系统的刻画。按照以最终需求还是以初始投入为出发点的不同，投入产出模型分为里昂惕夫模型和高斯模型。

一、里昂惕夫模型

里昂惕夫模型是一种需求拉动的投入产出分析技术，刻画了为满足单位需要所对应的各部门产出水平。经典的里昂惕夫模型从横向刻画了投入产出表的等式关系

$$\boldsymbol{x} = \boldsymbol{A}\boldsymbol{x} + \boldsymbol{y} \tag{2.1}$$

其中，$\boldsymbol{x}$ 为产出向量；$\boldsymbol{y}$ 为最终需求向量；$\boldsymbol{A} = \boldsymbol{Z}\hat{\boldsymbol{x}}^{-1}$ 为直接消耗系数矩阵；$\boldsymbol{Z}$ 为中间投入矩阵。式（2.1）可改写为

$$\boldsymbol{x} = (\boldsymbol{I} - \boldsymbol{A})^{-1}\boldsymbol{y} \tag{2.2}$$

其中，$(\boldsymbol{I}-\boldsymbol{A})^{-1}$ 为里昂惕夫逆矩阵，反映了某一部门最终需求增加一单位时，各部门总产出的增长量。

二、高斯模型

高斯模型是另外一类供给驱动的投入产出模型，刻画了单位要素投入所驱动的各部门产出水平。高斯模型从纵向刻画了投入产出表的等式关系。投入产出表每列反映了某部门生产的中间投入和最初投入。

$$\boldsymbol{v}+\boldsymbol{x}^{\mathrm{T}}\boldsymbol{H}=\boldsymbol{x}^{\mathrm{T}} \tag{2.3}$$

其中，$\boldsymbol{v}$ 为增加值向量；$\boldsymbol{H}=\hat{\boldsymbol{x}}^{-1}\boldsymbol{Z}$ 为产出分配系数矩阵，$\hat{\boldsymbol{x}}$ 为产出向量的对角化。式（2.3）可改写为

$$\boldsymbol{x}^{\mathrm{T}}=\boldsymbol{v}(\boldsymbol{I}-\boldsymbol{H})^{-1} \tag{2.4}$$

其中，$(\boldsymbol{I}-\boldsymbol{H})^{-1}$ 为高斯逆矩阵，反映了某一部门要素投入增加一单位时，各部门总产出的增长量。

第三节　多区域投入产出模型

多区域投入产出模型刻画了各地区各部门产品在本地区内和其他地区的投入和使用情况。本节以里昂惕夫模型为例，介绍多区域投入产出模型的基本表达形式。如果按照相同的地区顺序排列，将多区域投入产出表的中间投入矩阵分别按照以地区分组的子矩阵形式排列，那么对角线上的子矩阵分别表示本地区各部门产品在本地区内的投入和使用情况，与单地区模型的中间投入矩阵含义一致；非对角线上的子矩阵表示任一地区的各部门产品在其他地区各部门的投入和使用情况。最终需求部分由不同地区的最终需求子矩阵组成，分别记录了各个地区不同部门产品在各地区的最终使用状况。类似地，增加值部分也相应划分成各地区的增加值子矩阵，记录各地区的各项增加值收入。由此，多区域投入产出模型的行平衡关系式可以写为

$$\boldsymbol{x}=\boldsymbol{A}\boldsymbol{x}+\boldsymbol{Y}\boldsymbol{w} \tag{2.5}$$

其中，$\boldsymbol{x}$ 为产出向量；$\boldsymbol{Y}$ 为最终需求矩阵；$\boldsymbol{A}=\boldsymbol{Z}\hat{\boldsymbol{x}}^{-1}=\begin{bmatrix}\boldsymbol{A}^{11} & \boldsymbol{A}^{12} & \cdots & \boldsymbol{A}^{1m}\\ \boldsymbol{A}^{21} & \boldsymbol{A}^{22} & \cdots & \boldsymbol{A}^{2m}\\ \vdots & \vdots & & \vdots\\ \boldsymbol{A}^{m1} & \boldsymbol{A}^{m2} & \cdots & \boldsymbol{A}^{mm}\end{bmatrix}$ 为直接消耗系数矩阵，其子矩阵 $\boldsymbol{A}^{rs}$ 为地区 s 对地区 r 的直接消耗系数矩阵；$\boldsymbol{Z}$ 为中间

投入矩阵，$\boldsymbol{Y}=\begin{bmatrix}\boldsymbol{Y}^{11} & \boldsymbol{Y}^{12} & \cdots & \boldsymbol{Y}^{1m}\\ \boldsymbol{Y}^{21} & \boldsymbol{Y}^{22} & \cdots & \boldsymbol{Y}^{2m}\\ \vdots & \vdots & & \vdots\\ \boldsymbol{Y}^{m1} & \boldsymbol{Y}^{m2} & \cdots & \boldsymbol{Y}^{mm}\end{bmatrix}$为最终需求矩阵，其子矩阵$\boldsymbol{Y}^{rs}$为地区 s 对地区 r 的最终需求矩阵，$\boldsymbol{w}=\begin{bmatrix}1\\1\\\vdots\\1\end{bmatrix}$。式（2.5）可改写为

$$\boldsymbol{x}=(\boldsymbol{I}-\boldsymbol{A})^{-1}\boldsymbol{Y}\boldsymbol{w} \tag{2.6}$$

多区域投入产出模型刻画了某地区最终需求变动对本地区及其他地区产出的影响，也可用于分析区域贸易、产业分工等问题，在分析国际产业分工对应的碳排放效应研究领域取得了非常广泛的应用。

第二篇　产业分工与贸易隐含排放

第三章　产业分工视角下贸易隐含碳排放核算体系

随着生产工序分散在不同的国家或地区，国际产业分工在推动贸易规模增长和结构改变的同时，也加剧了与贸易相关的资源短缺、环境污染、气候变化等问题的发生。全球贸易额占国内生产总值比重从 1970 年的 27%快速增长到 2018 年的 59%，贸易已经成为资源使用（Dalin et al.，2012）和排放增长（Liu et al.，2016a）的重要驱动力。从产业分工的视角构建贸易隐含碳排放的分析框架和核算方法，可以为区域减排责任界定、政策有效性评估等提供科学依据和参考。本书从生产分工的视角将贸易细分为最终品、中间品、价值链贸易，基于全球投入产出模型针对国际贸易中的隐含碳排放进行一系列核算，详细刻画产业分工背景下不同贸易类型隐含碳排放的差异性，为国际产业分工背景下区域间碳转移提供新的分析思路和研究框架。研究发现中间品贸易引起的碳排放占据了总排放量的最大份额，全球价值链引起的碳排放份额逐渐增加，国际净碳转移主要通过最终品贸易完成。

第一节　贸易隐含排放研究进展

碳泄漏是指受环境政策约束部门或地区的碳减排量被其他部门或地区碳排放增长所抵消的现象。随着发达地区环境法规的完善及能源密集型产业向欠发达地区转移，发达地区可能会以贸易形式将碳排放转移给欠发达地区，被称为“弱碳泄漏”（Peters et al.，2011）。隐含碳排放净值是碳泄漏问题的一个衡量指标。经济合作与发展组织报告指出，2015 年全球贸易隐含碳排放占全球排放总量的 27.2%，降低贸易隐含碳排放已经成为解决区域间碳泄漏问题、实现绿色低碳转型的重要前提。鉴于本书主要面向中国读者，本节主要综述中国贸易隐含碳排放的相关研究。

2007 年，中国碳排放量超过美国，成为全球最大碳排放国。在有关中国碳排放量迅速增长驱动因素研究（Zhang et al.，2009；Feng et al.，2009；Zhang，2009）快速出现的过程中，国际贸易对中国碳排放量的影响逐渐成为学术界关注的热点。Weber 等（2008）的研究表明，1987 年到 2005 年，中国出口对应隐含碳排放量从 2.3 亿吨增长到了 16.7 亿吨，占全国碳排放总量的 1/3。中国通过进口避免的碳排放量从 3.9 亿吨增长到了 22 亿吨。Zhang 等（2013）分析了中国出口对应的隐含碳排放量，发现从 1997 年到 2007 年出口对应隐含碳排放量快速增长。从时间的角度来看，中国出口隐含碳排放规模曾经快速扩大，出口成了推动中国碳排放总量上升的主要驱动力。需要指出的是 2008 年以来中国出口隐含碳排放的上升趋势逐渐得到了改变，甚至在 2008 年呈现出了拐点（Mi et al.，2018）。贸易隐含碳排放仍然占中国碳排放总量很高的比重，在未来一段时间，中国贸易隐含碳排放分析仍然是学术界关注的重点。

前人分别针对中美贸易（Du et al.，2011）、中英贸易（Li and Hewitt，2008）、中日贸易（Dong et al.，2010）等双边贸易隐含碳排放进行了测算，指出中国正在成为发达国家转移碳减排责任的主要目的地。张为付和杜运苏（2011）研究表明，中国向美国出口对应隐含碳排放量从 2000 年的 1.64 亿吨增长到 2009 年的 3.87 亿吨；中国从美国进口对应隐含碳排放量从 2000 年的 0.94 亿吨增长到 2009 年的 1.91 亿吨。中国向欧盟出口对应隐含碳排放量从 2000 年的 2.12 亿吨增长到 2009 年的 5.47 亿吨；中国从欧盟进口对应隐含碳排放量从 2000 年的 1.06 亿吨增长到 2009 年的 3.26 亿吨。陈红蕾和翟婷婷（2013）分析了中国与澳大利亚对应的隐含碳排放量，发现中国在 2007 年由隐含碳排放量净出口国转变为净进口国。近年来，中国与东南亚等发展中国家之间贸易隐含碳排放规模也在快速扩大（Meng et al.，2018b）。中国与美国、日本等主要的贸易伙伴之间贸易对应的隐含碳排放量规模较大，这与中国和这些国家庞大的贸易规模相关。

近年来，学者逐渐将注意力转移到像中国一样的大国区域贸易对应的隐含碳排放量。中国各地区之间保持着密切的经济往来而且存在十分明显的环境政策差异，这意味着省际贸易可能会影响区域及整体碳排放量。中国正在实施的西部大开发战略推动产业从沿海地区向内陆地区转移，该战略进一步推动了区域之间碳排放的转移。Su 和 Ang（2014）分析了 1997 年中国省际贸易对于全国碳排放量的影响，研究发现发达省份为隐含碳排放量的净进口地区，而落后省份为隐含碳排放量的净出口地区。Guo 等（2012）测算了 2002 年中国省际贸易对应的隐含碳排放量净转移，研究发现隐含碳排放主要从东部地区到中部省份。而 Feng 等（2013）的研究主要关注于 2007 年省际贸易对应的隐含碳排放量，研究发现中国 57%的碳排放量是其他省份消费导致的。刘红光和范晓梅（2014）分析了 1997 年和 2007 年中国区域间隐含碳排放量变化趋势，研究发现中国区域间隐含碳排放转移总体上呈现向西部地区延伸的趋势，尤其是西北地区已经成为最大的隐含碳排放净调出区域。Meng 等（2013b）的论文基于多区域投入产出模型分析了从 2002～2007 年中国区域间隐含碳排放量变化趋势，该阶段中国碳排总量迅速增长。

多区域投入产出隐含碳排放计算模型可以分为直接贸易核算法（EEBT）和间接贸易核算法（MRIO）（Peters，2008；Su and Ang，2014）。EEBT 仅考虑了区域之间直接贸易额度，MRIO 将双边贸易在最终消费和中间使用之间做了细分。EEBT 具有简单直观的特点，被认为更适合分析贸易及环境政策；MRIO 充分反映了国家之间的关联关系，更适合分析全球生产结构（Peters，2008）。Su 和 Ang（2014）通过结合 EEBT 和 MRIO 得到了混合核算法（HEET）。三种方法的特征如表 3.1 所示。

表 3.1　多区域投入产出表隐含碳排放三类计算方法对比

三种方法对比	EEBT	MRIO	HEET
特征	考虑地区间直接贸易	考虑地区间间接贸易	同时考虑地区间直接和间接贸易
优势	简单直观	反映区域间反馈效应	反映区域间反馈效应
适用领域	贸易及环境政策分析	区域间产业关联分析	区域间产业关联分析
应用案例	Guo 等（2012）	López 等（2013）	Su 和 Ang（2010，2014）

三种分析方法之间具有十分密切的关联关系。EEBT 和 MRIO 之间通过反馈效应联系在一起，而 HEET 可以看作是 EEBT 和 MRIO 的结合。本书所采用的方式是基于 MRIO，反映区域间的反馈效应。但是，本章通过分解的方式，拆分出了双边贸易矩阵，可以分析地区间贸易隐含排放，同时具有 EEBT 的优势。

第二节　产业分工视角下贸易隐含排放核算体系

本节采用可以内生决定不同区域间中间产品贸易的多区域投入产出分析框架，主要利用的是由 G 国家和 N 个部门组成的世界的投入产出表。这些国家通过区域间的中间产品和最终产品贸易联系在一起，每个国家的产出都用来满足中间或最终消费。多区域投入产出分析框架（Leontief，1941）从货币流动的计算平衡开始。

$$\begin{bmatrix} \boldsymbol{X}^1 \\ \boldsymbol{X}^2 \\ \vdots \\ \boldsymbol{X}^g \end{bmatrix} = \begin{bmatrix} \boldsymbol{A}^{11} & \boldsymbol{A}^{12} & \cdots & \boldsymbol{A}^{1g} \\ \boldsymbol{A}^{21} & \boldsymbol{A}^{22} & \cdots & \boldsymbol{A}^{2g} \\ \vdots & \vdots & & \vdots \\ \boldsymbol{A}^{g1} & \boldsymbol{A}^{g2} & \cdots & \boldsymbol{A}^{gg} \end{bmatrix} \begin{bmatrix} \boldsymbol{X}^1 \\ \boldsymbol{X}^2 \\ \vdots \\ \boldsymbol{X}^g \end{bmatrix} + \begin{bmatrix} \sum_r^G \boldsymbol{Y}^{1r} \\ \sum_r^G \boldsymbol{Y}^{2r} \\ \vdots \\ \sum_r^G \boldsymbol{Y}^{gr} \end{bmatrix} \tag{3.1}$$

在这个框架中，$\boldsymbol{X}^s$ 为 s 国的总产出；$\boldsymbol{Y}^{sr}$ 为 r 国对 s 国产品的最终需求；$\boldsymbol{A}^{sr}$ 为 r 国对 s 国产品的中间需求系数矩阵，该矩阵中的每一个元素都满足等式 $a_{ij}^{sr} = z_{ij}^{sr} / x_j^r$，其中 $z_{ij}^{sr}(i, j = 1,2,\cdots,n)$ 为 s 国 i 部门对 r 国 j 部门的产品投入。s 国对 r 国的中间投入矩阵可由 $\boldsymbol{Z}^{sr} = \boldsymbol{A}^{sr}\boldsymbol{X}^r$ 表示。对式（3.1）重新整理，可得

$$\begin{bmatrix} X^1 \\ X^2 \\ \vdots \\ X^g \end{bmatrix} = \begin{bmatrix} I-A^{11} & -A^{12} & \cdots & -A^{1g} \\ -A^{21} & I-A^{22} & \cdots & -A^{2g} \\ \vdots & \vdots & & \vdots \\ -A^{g1} & -A^{g2} & \cdots & I-A^{gg} \end{bmatrix}^{-1} \begin{bmatrix} \sum_r^G Y^{1r} \\ \sum_r^G Y^{2r} \\ \vdots \\ \sum_r^G Y^{gr} \end{bmatrix} = \begin{bmatrix} B^{11} & B^{12} & \cdots & B^{1g} \\ B^{21} & B^{22} & \cdots & B^{2g} \\ \vdots & \vdots & & \vdots \\ B^{g1} & B^{g2} & \cdots & B^{gg} \end{bmatrix} \begin{bmatrix} \sum_r^G Y^{1r} \\ \sum_r^G Y^{2r} \\ \vdots \\ \sum_r^G Y^{gr} \end{bmatrix} \quad (3.2)$$

其中，B^{sr} 为里昂惕夫逆矩阵，表示 s 国的总产出在 r 国最终需求增加一个单位时的数量，根据式（3.2），我们可以将 r 国的总产出表示成：

$$X^r = \sum_t^G B^{rt} \sum_u^G Y^{tu} \quad (3.3)$$

来自 s 国的 r 国的中间投入是 $Z^{sr}=A^{sr}X^r$。s 国对 r 国的出口额是 $T^{sr}=Y^{sr}+A^{sr}X^r$。根据王直等（2015）的研究，我们可以知道 $B^{rr}=L^{rr}+L^{rr}\sum_{t\neq r}^G A^{rt}B^{tr}$。根据式（3.3）我们可以得到式（3.4）：

$$T^{sr} = \underbrace{Y^{sr}}_{\mathrm{T\_f}^{sr}} + \underbrace{A^{sr}L^{rr}Y^{rr}}_{\mathrm{T\_i}^{sr}} + \underbrace{A^{sr}L^{rr}\sum_{t\neq r}^G A^{rt}B^{tr}Y^{rr} + A^{sr}\sum_{t\neq r}^G B^{rt}Y^{tr} + A^{sr}\sum_t^G B^{rt}\sum_{u\neq r}^G Y^{tu}}_{\mathrm{T\_g}^{sr}} \quad (3.4)$$

$L^{rr}=(I-A^{rr})^{-1}$ 为 r 国国内的里昂惕夫逆阵，我们定义最终品贸易为 $\mathrm{T\_f}^{sr}$，贸易伙伴直接从出口产品中吸收，而出口商处于生产的最后阶段。$\mathrm{T\_i}^{sr}$ 为国际生产最后阶段的传统中间品贸易，需要贸易伙伴进行进一步加工才能被吸收。$\mathrm{T\_g}^{sr}$ 为狭义上的全球价值链贸易（Wang et al.，2017）。前两种贸易模式的贸易产品在被进口商吸收前，都只跨境一次，而参与全球价值链贸易的产品跨境两次及以上，最终可能被出口国、进口国或第三国吸收。

基于总产出等式：$X^s=A^{ss}X^s+Y^{ss}+\sum_{s\neq r}^G T^{sr}$，我们将每个行业/国家的总产出分解为不同的组成部分：

$$X^s = L^{ss}Y^{ss} + L^{ss}\sum_{s\neq r}^G \mathrm{T\_f}^{sr} + L^{ss}\sum_{s\neq r}^G \mathrm{T\_i}^{sr} + L^{ss}\sum_{s\neq r}^G \mathrm{T\_g}^{sr} \quad (3.5)$$

这样将 s 国的总产出分为四部分。第一部分为国内最终需求通过地方产业联动而产生的产出，与国际分工生产无关。其他三部分分别代表最终品贸易、传统中间产品贸易和全球价值链贸易的产出（Arce et al.，2012；López et al.，2013；Wang et al.，2017）。我们将 s 国 i 部门的碳强度定义为 $f_i^s=e_i^s/x_i^s$，其中 e_i^s 为 s 国 i 部门的碳排放量。F^s 为由 f_i^s 组成的对角矩阵，那么 s 国的碳排放量可以表示为

$$E^s = F^sX^s = F^sL^{ss}Y^{ss} + F^sL^{ss}\sum_{s\neq r}^G \mathrm{T\_f}^{sr} + F^sL^{ss}\sum_{s\neq r}^G \mathrm{T\_i}^{sr} + F^sL^{ss}\sum_{s\neq r}^G \mathrm{T\_g}^{sr} \quad (3.6)$$

按照上述逻辑，我们也可将 s 国的总碳排放量分为四部分：第一部分是国内最终需求通过与国际生产分工无关的地方产业联动而产生的碳排放，另外三部分分别代表了最终品贸易、传统中间品贸易和全球价值链贸易引起的国内排放。分解过程如图 3.1 所示。

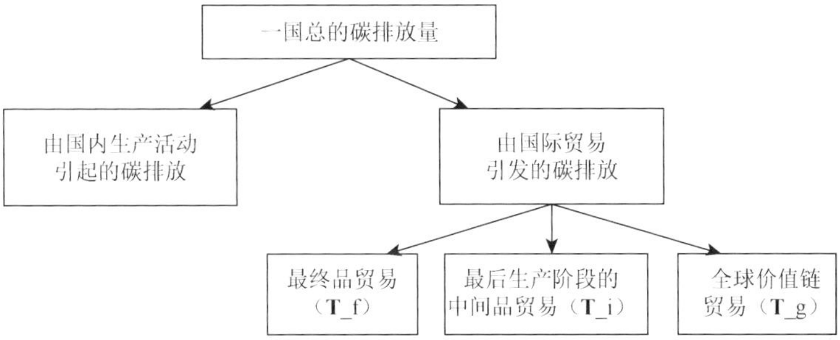

图 3.1　一国总碳排放量的分解

从 s 国到 r 国的出口所隐含的国内排放是

$$\mathrm{EEX}^{sr}=\boldsymbol{F}^{s}\boldsymbol{L}^{ss}\boldsymbol{T}^{sr}=\boldsymbol{F}^{s}\boldsymbol{L}^{ss}\mathbf{T}\_\mathrm{f}^{sr}+\boldsymbol{F}^{s}\boldsymbol{L}^{ss}\mathbf{T}\_\mathrm{i}^{sr}+\boldsymbol{F}^{s}\boldsymbol{L}^{ss}\mathbf{T}\_\mathrm{g}^{sr} \tag{3.7}$$

式（3.7）通过最终品贸易、传统中间品贸易和全球价值链相关贸易，将 s 国对 r 国出口总额所包含的国内排放分解为三项。本章进一步引入结构分解分析方法来阐明双边贸易中碳转移变化的驱动力。本章通过价格调整，将 1995 年和 2009 年的多区域投入产出表调整为可比价。具体排放变化可被分解为五个子效应，如下所示。

$$\begin{aligned}\Delta\mathrm{EEX}^{sr}&=\mathrm{EEX}_{t1}^{sr}-\mathrm{EEX}_{t0}^{sr}\\&=\Delta\mathrm{EEX}_{F}^{sr}+\Delta\mathrm{EEX}_{L}^{sr}+\Delta\mathrm{EEX}_{\mathrm{T\_f}}^{sr}+\Delta\mathrm{EEX}_{\mathrm{T\_i}}^{sr}+\Delta\mathrm{EEX}_{\mathrm{T\_g}}^{sr}\end{aligned} \tag{3.8}$$

其中，$\Delta\mathrm{EEX}_{F}^{sr}$ 为碳强度影响；$\Delta\mathrm{EEX}_{L}^{sr}$ 为生产技术影响；$\Delta\mathrm{EEX}_{\mathrm{T\_f}}^{sr}$ 为最终品贸易影响；$\Delta\mathrm{EEX}_{\mathrm{T\_i}}^{sr}$ 为中间品贸易影响；$\Delta\mathrm{EEX}_{\mathrm{T\_g}}^{sr}$ 为全球价值链贸易影响。本节的主要数据来自全球投入产出数据库（world input-output database，WIOD）（Timmer et al.，2015）。

第三节　产业分工视角下贸易隐含排放核算结果

一国的直接碳排放由国内经济活动引起，也与国际贸易相关。图 3.2 展示了 2009 年全球前十大经济体直接碳排放的分解。

T_f 为最终品贸易；T_i 为中间品贸易；T_g 为全球价值链相关贸易。从全球的视角来看，2009 年全球 1/4 的碳排放是由国际贸易引发的，这要比 Xu 和 Dietzenbacher

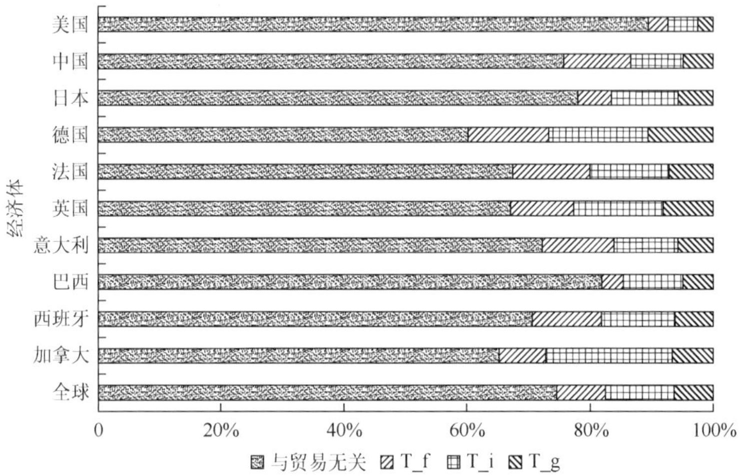

图 3.2 2009 年全球前十大经济体的直接碳排放分解

（2014）的研究中 33%的结果小一些，因为两篇文章用的分解方法是不同的。Xu 和 Dietzenbacher（2014）分析了一国最终品和中间品的出口过程中的直接和间接的碳排放。这种方法会导致重复计算问题，因为一国在中间产品中的隐含碳排放也可以视为其他国家包含在出口最终产品中的间接排放。为了避免这种重复计算问题，本书主要研究仅通过国内经济联系出口引发的国内排放。更进一步，我们发现全球碳排放的 8%和最终品贸易有关，11%来自生产最后阶段的中间品贸易，6%是由全球价值链相关贸易引起的。

不同国家或地区不同经济活动引起碳排放的比例具有很大差异。美国以消费为主导的经济结构决定了美国的直接碳排放主要是由国内经济活动引发的；中国出口引发的排放量要稍低于世界平均水平。结果显示中国的碳排放中 24.34%是由出口引发的，这和原有文献是相对一致的。比如，Jiang 等（2015a）的研究发现中国碳排放 25.9%是由名义或者实际出口引发的。同时，中国有较多的碳排放与最终产品的贸易相关，因为中国处于国际分工中的下游并且出口大量最终产品。而对于巴西，原材料占据较大的出口比重，于是中间产品的贸易引发了大量的碳排放。

本书进一步提供了对于 2009 年前十大经济体贸易引发碳排放更详细的讨论。本节计算了前十大经济体进出口引起的碳排放，并按照三种贸易模式进行分类。结果显示，美国进口引发的外国排放要高于出口引发的国内排放。这意味着美国是碳排放净进口国，会通过国际贸易产生碳排放的存量。和前人的研究一致（Liu et al.，2016b），中国是最大的碳净进口国，国际贸易会提升中国的直接碳排放。其他八个国家全部都是碳净进口国。本章研究对之前相关研究的贡献是我们从贸易的三种不同模式的视角就碳转移渠道提供了更加深入的分析。根据十个国家的碳转移渠道，我们可以将它们分为三类。第一类国家的碳转移主要是通过最终产品，典型国家包括中国、美国、英国和加拿大。第二类国家的碳转移主要通过贸易生产最后阶段的中间产品，典型国家包括日本、法国、意大利、巴西和西班牙。第三类国家的碳转移主要是通过全球价值链相关贸易，典型国家是德国。不同国家之间贸易模式不同，对应的碳转移渠道也不同，这和一国在国际生产分工中的地位息息相关。比如，贸易引起中国的直接碳排放主要是通过最终产品，全球价值链相关贸易模式对于碳转移的贡献较小。碳排放的净转移方向可能根据贸易模式的差别有很大的不同。

研究发现贸易中的隐含碳排放近年增长的趋势非常明显。例如，Peters 等（2011）利用 GTAP 数据库发现隐含在贸易品中的二氧化碳排放从 1990 年的 430 亿吨增长到了 2008 年的 780 亿吨。本书的计算结果显示隐含在贸易中的碳排放从 1995 年的 410 亿吨增长到了 2009 年的 630 亿吨。本节进一步分析了不同贸易模式引起的隐含碳排放增长趋势。计算结果见图 3.3。

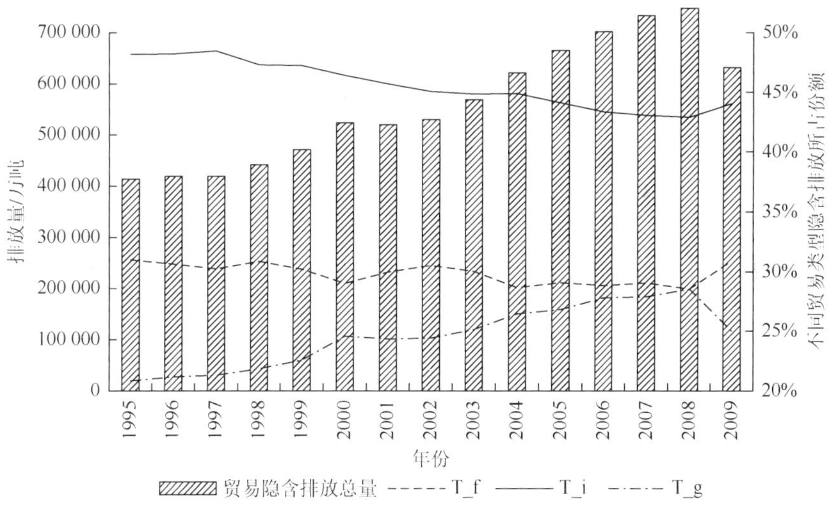

图 3.3　贸易中的碳排放结构

T_f 为最终品贸易；T_i 为中间品贸易；T_g 为全球价值链相关贸易。图 3.3 显示最终生产阶段的中间投入品对应碳排放比重从 1995 年的 48.18%降低到了 2008 年的 42.94%，但在 2009 年增长到了 44.08%。最终品引起的碳排放比例保持了相对的平稳。然而，与全球价值链相关的碳排放增长非常明显，并在 2008 年达峰。1995 年，只有 20.85%的贸易相关排放是由全球价值链引起的，然而在 2008 年这个数字达到了 28.51%，反映了这个时期内全球价值链的快速增长。2008 年的金融危机冲击了国际贸易，尤其是全球价值链相关贸易。尽管在其他两种模式引发的碳排放比例上升的情况下，全球价值链对应的碳排放比例在 2009 年开始下降。但在这一时期内，最终品引起的碳排放比例却保持了相对平稳，接近 30%。

本章进一步以中国和美国为例，讨论两个经济体 1995～2009 年的双边碳转移的增长趋势。两国之间的碳转移是当前研究的热点。Shui 和 Harriss（2006）发现从中国到美国的出口商品隐含的碳排放从 1997 年的 21 300 万吨增长到了 2003 年的 49 700 万吨。Guo 等（2012）发现中国至美国的出口商品中的隐含碳排放在 2002～2006 年从 5%增长到了 7.76%。Du 等（2011）发现中国出口至美国的贸易品隐含碳排放从 2002 年的 40 849 万吨增长到了 2007 年的 81 201 万吨。Zhao 等（2016）讨论了中美之间通过中间品和最终品贸易实现的碳转移。本章通过分解三种贸易渠道的相关碳转移拓展了前人研究。表 3.2 呈现了计算结果。

表 3.2　1995～2009 年中美两国净碳转移　　单位：万吨

年份	中国出口至美国的隐含排放			美国出口至中国的隐含排放			中美贸易排放平衡		
	T_f	T_i	T_g	T_f	T_i	T_g	T_f	T_i	T_g
1995	10 131	3 870	776	238	521	168	9 893	3 349	608
1996	9 100	3 747	774	250	485	139	8 849	3 262	635
1997	9 938	4 209	946	262	567	166	9 677	3 643	780
1998	10 725	5 110	1 018	276	477	138	10 449	4 632	880
1999	9 603	4 706	926	291	493	146	9 312	4 213	781
2000	10 028	5 175	1 063	337	552	186	9 691	4 622	877
2001	9 584	4 994	964	421	600	197	9 163	4 395	767
2002	11 121	5 866	1 044	383	610	226	10 738	5 256	818
2003	14 316	6 747	1 225	405	735	316	13 911	6 012	909
2004	16 722	10 494	2 211	365	916	448	16 357	9 578	1 764
2005	20 056	12 484	2 699	371	992	550	19 684	11 492	2 149
2006	21 201	14 109	3 299	416	1 167	693	20 785	12 942	2 606
2007	21 748	13 686	3 411	509	1 582	952	21 240	12 104	2 460
2008	19 412	13 431	3 513	603	1 931	1 029	18 809	11 500	2 484
2009	17 877	11 462	2 590	601	1 974	762	17 276	9 487	1 828

注：由于进行过修约，数据可能存在误差，余同

表 3.2 显示，中国出口至美国的隐含碳排放大于进口隐含碳排放，碳排放的净转移方向是从中国转移至美国。美国向中国的碳转移主要通过最终产品的贸易实现，中国向美国的碳转移主要通过中间品的贸易实现。中美之间的碳转移包括三个阶段。第一阶段（2001 年前）中美之间的双边碳转移保持了相对平稳。在

这个时期，中国经历了碳强度的急剧下降，这与亚洲金融危机对中国经济的冲击相关。2001 年，中国加入世界贸易组织后，国际贸易的规模快速增长，导致了第二阶段碳转移的快速增长（2001～2007 年）。第三阶段（2008～2009 年）金融危机导致了双边贸易中隐含碳排放的下降。从 1995 年到 2009 年，最终品贸易中的隐含碳排放转移几乎加倍，中间品中的隐含碳排放几乎增长了三倍。这反映了全球生产分工的发展。本章进一步讨论了包含在 1995～2009 年前十大经济体中进出口隐含碳排放的驱动因素。结构路径分解的结果如表 3.3 所示。

表 3.3　1995～2009 年国家间出口引起排放变动的驱动因素分析结果　单位：万吨

国家	ΔEEX_F	ΔEEX_L	ΔEEX_{T_f}	ΔEEX_{T_i}	ΔEEX_{T_g}	ΔEEE
美国	−8 002	−16 545	8 196	7 568	6 714	−2 069
中国	−122 877	39 356	93 856	67 684	43 191	121 209
日本	−283	−863	3 136	3 893	3 845	9 728
德国	−11 262	1 172	7 157	7 479	5 765	10 312
法国	−7 104	319	2 496	1 572	1 528	−1 190
英国	−2 084	−2 657	2 046	1 964	1 826	1 096
意大利	−3 625	−666	1 690	662	1 149	−790
巴西	3 724	−551	330	−234	186	3 455
西班牙	−2 358	946	1 734	1 484	1 083	2 889
加拿大	−10 416	8	2 722	5 097	2 395	−194

表 3.3 是 1995～2009 年前十大经济体的结构路径分解的结果。本章分别以碳强度（ΔEEX_F）、生产技术（ΔEEX_L）和三种贸易模式的规模（ΔEEX_{T_f}、ΔEEX_{T_i}和ΔEEX_{T_g}）解释了隐含碳排放的变动（ΔEEE）。结果显示中国正经历着出口隐含碳排放最大规模的增长，这主要源自生产技术和贸易规模的变动。其他国家如美国，在这个时期内经历了隐含碳排放的减少，主要驱动因素是碳强度的下降和生产技术的进步，这主要源自清洁技术的发展。生产技术的变动刺激了一些国家隐含碳排放的上升，如德国、法国、西班牙和加拿大。Xu 和 Dietzenbacher（2014）将这种变化解释为单位产出的中间投入上升。除巴西外，不同贸易模式下贸易规模的扩大都在刺激出口隐含碳排放的增长，但是不同的贸易模式在各国隐含碳增长中起到的作用也有所不同。例如，中国出口隐含碳排放增长主要源于最终品的贸易，而加拿大隐含碳排放的增长主要来自中间品的出口贸易。另外，全球价值链相关贸易也在改变一国隐含碳排放趋势中起到了重要作用，如日本。

第四节　本 章 小 结

贸易格局的改变影响着全球碳排放格局，而全球产业分工是决定全球贸易格局的关键因素。在传统贸易格局中，最终品贸易是国际贸易的主要形式。而随着全球产业分工的深化，中间品贸易的规模持续扩展，我们有必要从全球产业分工的视角，分析不同贸易类型隐含碳排放的差异性。通过将贸易细分为最终品、中间品、价值链贸易，本章刻画了产业分工背景下不同贸易类型隐含碳排放的差异性，研究发现中间品贸易引起的碳排放占据了总排放量的最大份额，全球价值链引起的碳排放份额逐渐增加，国际净碳转移主要通过最终品贸易完成。进而从碳强度、生产技术和贸易规模几个角度，分析了代表性国家和地区贸易隐含碳排放的主要驱动因素。研究发现，不同的贸易模式在各国隐含碳增长中起的作用也有所不同。例如，中国出口隐含碳排放增长主要源于最终品的贸易，而加拿大隐含碳排放的增长主要来自中间品的出口。另外，全球价值链相关贸易也在改变一国隐含碳排放趋势中起到了重要作用，如日本。

本章提出的国际产业分工背景下区域间碳转移研究框架，为分析贸易对于不同地区碳排放的影响及贸易对全球碳排放总量的影响提供了新的思路。后续章节将针对该问题进一步展开论述。本章根据贸易品的跨境次数对贸易类型进行了区分，后续章节中也将针对该问题进一步展开论述。

第四章　产业分工视角下污染天堂假说检验方法

污染天堂假说是关于国际贸易环境效应的重要议题，尤其是在全球生产分割日益加剧的背景下，引起了学术界和实业界的广泛关注。生产过程在全球范围内分布，国际贸易的污染天堂效应正变得越来越复杂。例如，中间品贸易占据了实体排放的最大份额，全球价值链相关贸易引起的排放份额也逐渐增加。作者从全球、双边和国家角度对三种不同贸易模式中的碳排放污染天堂假说进行综合分析，提出了一种基于多区域投入产出模型分析污染天堂假说的方法，并讨论了生产分割对全球排放的贡献及影响。结果发现，国际生产分工会导致全球碳排放减少，而且中间产品贸易的贡献最大。1995～2009 年，最终品贸易的环境效益越来越低。对每个国家来说，不同贸易模式的环境影响存在着显著差异。

第一节　污染天堂假说研究进展

发展中国家的低生产成本和较为宽松的环境法规成了发达国家向其外包生产过程的主要原因。近年来，人们越来越意识到环境问题是一个全球性的问题，其解决需要全球密切合作。国际气候协议从 1992 年《联合国气候变化框架公约》阶段发展到 1997 年《京都议定书》阶段和 2016 年《巴黎协定》阶段。为解决环境的外部性问题，环境协定在近年来的国际贸易协定中也变得越来越明显，如跨太平洋伙伴关系。关于国际贸易对环境影响的一个重要议题是污染天堂假说，由于全球生产分工正在重塑国际贸易格局，这种假说也变得越来越复杂。本章的目的是从全球、双边和国家角度综合分析三种不同贸易模式中的碳排放污染天堂假说。

自污染天堂假说（Walter and Ugelow，1979）提出以来，研究人员在探索及测试这一假说的理论研究和实证研究（Conrad，2005）中投入了大量精力。Taylor（2005）指出，污染天堂假说是分析贸易的环境效应的重要议题。从定量分析的角度来说，可采用多种模型（Koźluk and Timiliotis，2016；He，2006；Tang，2015），如联立方程模型、双边贸易引力模型及其他面板数据估算技术等。最近，人们越来越倾向于采用投入产出模型来分析贸易的环境效应（Dietzenbacher and Mukhopadhyay，2007；López et al.，2013；Su and Ang，2014），本章也以投入产出模型作为研究基础。

本章以全球价值链发展背景下全球生产分工的环境效应相关研究及文献为基础（Dean and Lovely，2008；Dietzenbacher et al.，2012；Pei et al.，2018；Su et al.，2013）。以往的多区域投入产出研究主要集中在具体排放的来源和目的地（Meng et al.，2018a）。然而，政策制定者可能更关注一个国家在全球价值链中的地位对环境的影响，以及对双边贸易与其直接上、下游贸易伙伴的环境影响。随着全球生产分工的深入发展，各国处在价值链不同的生产阶段，并通过不同的贸易方式与世界进行关联。本章在区分三种不同贸易模式的基础上，分析了一国参与全球价值链是否会引起全球碳排放量的增加或减少。

Arce 等（2012）从国际生产阶段的角度把贸易分成了三种不同模式，并相应地检验了污染天堂假说。这三种模式分别是最终品贸易、最后一个生产阶段的中间品贸易及国际生产剩余阶段的中间品贸易。前两种贸易模式属于 Wang 等（2017）提出的直接增值贸易模式，或 Borin 和 Mancini（2015）提出的传统李嘉图贸易模式。最后一种贸易模式是由 Wang 等（2017）提出的狭义全球价值链相关贸易。本文以类似方式区分不同的贸易模式：前两种贸易模式被归类为传统贸易模式，最后一种贸易模式被称为全球价值链相关贸易模式。本章通过分解里昂惕夫逆矩阵来区分纯国内和三种不同贸易生产活动引起的碳排放，并进一步引入结构分解分析来评估 1995～2009 年的碳转移变化。

以往的研究评估了国际贸易对每单位额外进出口的全球碳排放量的贡献（Dietzenbacher and Mukhopadhyay，2007），或采用计算出口总排放量与进口总排放量之间差异的方法（Peters et al.，2007；Zhang et al.，2014；Arce et al.，2012）。这两项方法均采用国内技术假设，计算使用国内技术生产进口产品情景下所产生的排放量。多区域投入产出分析有两种类型：一种是考虑了区域间双边贸易总量的 EEBT；另一种是内生决定贸易与中间消费的 MRIO。应用国内技术假设的典型方法是总结并替代直接的国内和进口需求矩阵（Tukker et al.，2013；Serrano and Dietzenbacher，2010）（通过替换本地和国际输入系数来应用这一假设）。López 等（2013）提出了一种检验污染天堂假说的方法，并介绍了双区域投入产出分析方法。本章认为区域间投入系数不仅取决于生产技术，还与国际贸易格局密切相关。为了避免国内技术假设对不同贸易模式的环境效应评估的影响，本文仅关注通过国内经济联系出口引起的国内排放。换句话说，本章提出了一个将 López 等（2013）的方法扩展到多区域案例的新方法，这两种方法的共同点都在于对国内里昂惕夫逆矩阵的使用。

第二节　基于多区域投入产出模型的污染天堂假说检验方法

根据第三章内容，区域间贸易隐含碳排放量的平衡可表示为

$$
\begin{aligned}
\mathrm{BEE}^{sr} &= \mathrm{EEX}^{sr} - \mathrm{EEX}^{rs} \\
&= \underbrace{(\boldsymbol{F}^s \boldsymbol{L}^{ss}{}_{\mathrm{T\_f}^{sr}} - \boldsymbol{F}^r \boldsymbol{L}^{rr}{}_{\mathrm{T\_f}^{rs}})}_{(1)} + \underbrace{(\boldsymbol{F}^s \boldsymbol{L}^{ss}{}_{\mathrm{T\_i}^{sr}} - \boldsymbol{F}^r \boldsymbol{L}^{rr}{}_{\mathrm{T\_i}^{rs}})}_{(2)} \\
&\quad + \underbrace{(\boldsymbol{F}^s \boldsymbol{L}^{ss}{}_{\mathrm{T\_g}^{sr}} - \boldsymbol{F}^r \boldsymbol{L}^{rr}{}_{\mathrm{T\_g}^{rs}})}_{(3)}
\end{aligned} \tag{4.1}
$$

其中，（1）项为传统最终品贸易所隐含的排放平衡；（2）项为传统中间品贸易所隐含的排放平衡；（3）项为全球价值链贸易所隐含的排放平衡。当 $\mathrm{BEE}^{sr} > 0$ 时，表示国际分工生产提高了 s 国的碳排放量，否则认为减少了 s 国的碳排放量。那么在全球分工生产中的位置对于 s 国碳排放的影响可表示为

$$
\mathrm{BEE}^{s} = \sum_{r \neq s}^{G} \mathrm{EEX}^{sr} - \sum_{r \neq s}^{G} \mathrm{EEX}^{rs} \tag{4.2}
$$

当 $\mathrm{BEE}^{s} > 0$ 时，表示参与全球生产分工增加了 s 国的碳排放量；当 $\mathrm{BEE}^{s} < 0$ 时，则意味着参与全球生产分工有助于减少 s 国的碳排放量。然而，利用 BEE 很容易理解区域间贸易对全球排放的影响，因为所有国家 BEE 的总和总是为 $0\left(\sum_{s}^{G} \mathrm{BEE}^{s} = 0\right)$。生产分工对全球排放的影响是通过出口所隐含的排放与进口所避免的排放之间的差异（避免隐含碳排放平衡，balance of avoided emissions，BAE）来评估的（Dietzenbacher and Mukhopadhyay，2007）。s 国从 r 国进口所避免的排放是

$$
\mathrm{EAI}^{sr} = \boldsymbol{F}^s \boldsymbol{L}^{ss} \boldsymbol{T}^{rs} = \boldsymbol{F}^s \boldsymbol{L}^{ss}{}_{\mathrm{T\_f}^{rs}} + \boldsymbol{F}^s \boldsymbol{L}^{ss}{}_{\mathrm{T\_i}^{rs}} + \boldsymbol{F}^s \boldsymbol{L}^{ss}{}_{\mathrm{T\_g}^{rs}} \tag{4.3}
$$

式（4.3）反映了通过最终品贸易、传统中间品贸易和全球价值链贸易从 r 国进口而避免的 s 国排放，而 BAE 是

$$
\begin{aligned}
\mathrm{BAE}^{sr} &= (\mathrm{EEX}^{sr} - \mathrm{EAI}^{sr}) + (\mathrm{EEX}^{rs} - \mathrm{EAI}^{rs}) \\
&= \underbrace{\underbrace{(\boldsymbol{F}^s \boldsymbol{L}^{ss} - \boldsymbol{F}^r \boldsymbol{L}^{rr})_{\mathrm{T\_f}^{sr}}}_{(1\text{-}1)} + \underbrace{(\boldsymbol{F}^s \boldsymbol{L}^{ss} - \boldsymbol{F}^r \boldsymbol{L}^{rr})_{\mathrm{T\_i}^{sr}}}_{(1\text{-}2)} + \underbrace{(\boldsymbol{F}^s \boldsymbol{L}^{ss} - \boldsymbol{F}^r \boldsymbol{L}^{rr})_{\mathrm{T\_g}^{sr}}}_{(1\text{-}3)}}_{(1)} \\
&\quad + \underbrace{\underbrace{(\boldsymbol{F}^r \boldsymbol{L}^{rr} - \boldsymbol{F}^s \boldsymbol{L}^{ss})_{\mathrm{T\_f}^{rs}}}_{(2\text{-}1)} + \underbrace{(\boldsymbol{F}^r \boldsymbol{L}^{rr} - \boldsymbol{F}^s \boldsymbol{L}^{ss})_{\mathrm{T\_i}^{rs}}}_{(2\text{-}2)} + \underbrace{(\boldsymbol{F}^r \boldsymbol{L}^{rr} - \boldsymbol{F}^s \boldsymbol{L}^{ss})_{\mathrm{T\_g}^{rs}}}_{(2\text{-}3)}}_{(2)}
\end{aligned} \tag{4.4}
$$

（1）项以从 s 国到 r 国出口产品的生产结构和碳强度来解释污染天堂假说，（2）项以从 r 国进口 s 国产品的生产结构和碳强度角度解释了污染天堂假说，也可以进一步将其分为三种贸易模式。r 国参与全球价值链对全球排放的贡献表示为

$$
\mathrm{BAE}^{s} = \left(\sum_{r \neq s}^{G} \mathrm{BAE}^{sr} + \sum_{r \neq s}^{G} \mathrm{BAE}^{rs}\right) \Big/ 2 \tag{4.5}
$$

BAE 的表达式如下：

$$\mathrm{BAE}=\sum_{s}^{G}\sum_{r\neq s}^{G}\mathrm{BAE}^{sr} \tag{4.6}$$

如果BAE的值为正，意味着“污染天堂”假说成立；反之，区域间贸易有助于减少总排放量。本章采用了 WIOD。但是 WIOD 也有一定的局限性。例如，Eora 和 GTAP 比 WIOD 有更详细的区域和部门分类，WIOD 仅覆盖 40 个左右国家和地区。虽然主要的温室气体包括二氧化碳、甲烷和一氧化二氮等，本节只讨论了占全球温室气体最大份额的二氧化碳。

第三节 产业分工视角下污染天堂假说检验结果

首先通过不同的贸易模式评估国际生产分工对全球排放的贡献。计算结果如图 4.1 所示。

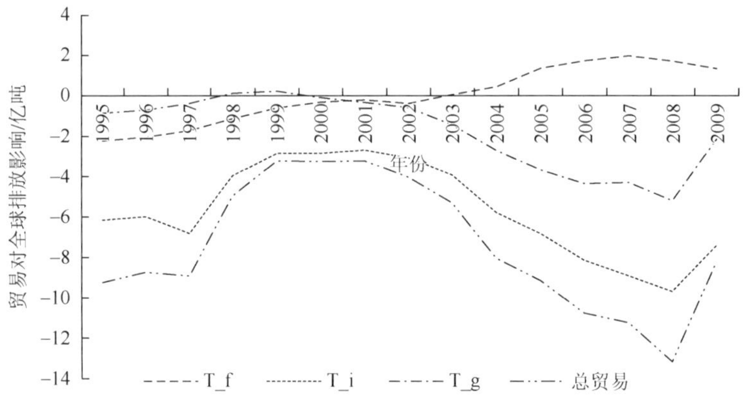

图 4.1 三种不同贸易模式对全球排放的影响

图 4.1 为 1995 年至 2009 年，国际贸易对全球碳排放影响的变化趋势，并将贸易分解为三种不同模式。结果表明，国际贸易有助于减少全球排放，污染天堂假说在此并不成立。例如，在国际贸易不存在的情况下，2009 年全球碳排放将增加 8.22 亿吨，这与 López 等（2013）的结论（11.01 亿吨）类似。本章和 López 等（2013）的研究均采用 WIOD 并通过 BAE 来验证污染天堂假说，但这两项研究的结果不同。因为，首先这两项研究采用了不同的方法来运用国内技术假设，López 等（2013）的研究使用全球的里昂惕夫逆矩阵，然而本章采用了国内的里昂惕夫逆矩阵；其次这两项研究采用不同的区域聚合水平，López 等（2013）的研究采用 7 个地区的信息，相对于本章的 41 个地区来说，区域聚集水平更小。

图 4.1 表明，污染天堂假说明显受到了 1997 年亚洲金融危机和 2008 年全球金融危机的影响，1997 年和 2008 年后减少排放的平衡明显增加。首先，政府在金融危机冲击后采取刺激经济的措施，且降低对环境保护的关注度。因此，国际贸易产生的碳减排较少。其次，发展中国家相对于发达国家经济复苏速度更快。例如，2009 年中国的经济增长率高达 9.2%。发展中国家的碳强度更大，从而具有更高的减排平衡。此外，从三种不同的贸易模式出发，图 4.1 呈现了关于污染天堂假说更为详细的信息。在 1995～2009 年，最终品交易的碳排放从负变为正，这说明全球生产链的最后阶段逐渐集中在碳强度相对较高的国家，并会增加全球碳排放。最终生产阶段的中间产品贸易使全球碳排放量下降的幅度最大，并且也明显受到 2008 年亚洲金融危机和全球金融危机的影响。2002 年前全球价值链相关贸易对全球排放产生的影响并不大，且 2002 年后导致全球排放储蓄增加。与 1997 年的亚洲金融危机产生的影响相比，2008 年的全球金融危机影响更广泛，所以该贸易模式的 BAE 受到的影响更加明显。

国际贸易可被视为双边贸易流的集合。为了更加详细地讨论国际贸易对环境的影响，本节从双边贸易角度进一步探讨了国际贸易的污染天堂效应。关于国际贸易对环境影响的文献也倾向从双边贸易的角度进行讨论，本章试图从三种不同的贸易模式的角度出发，阐明国际碳转移是否会导致全球碳排放的增加或减少，以此来扩展文献。表 4.1 是我们列出的三种不同贸易模式的前十大净碳流量对环境的影响。

表 4.1　2009 年十大净碳流量对环境的影响　　单位：万吨

排序	最终品贸易			最终生产阶段的中间品贸易			狭义上全球价值链贸易		
	双边贸易	净转移	BAE	双边贸易	净转移	BAE	双边贸易	净转移	BAE
1	中国-美国	17 276	11 610	中国-美国	9 487	4 235	中国-德国	2 208	693
2	中国-日本	6 044	2 121	中国-日本	3 191	−3 042	中国-韩国	2 184	−603
3	中国-德国	4 009	−23	加拿大-美国	2 708	281	中国-美国	1 828	−39
4	印度-美国	2 472	1 127	俄罗斯-意大利	2 588	1 957	俄罗斯-德国	1 599	969
5	中国-加拿大	2 285	1 609	中国台湾-中国大陆	1 833	−3 008	中国-日本	1 324	−1 663
6	中国-英国	2 149	1 355	俄罗斯-中国	1 740	−691	中国-墨西哥	1 210	869
7	中国-澳大利亚	2 070	1 290	中国-德国	1 395	−1 992	俄罗斯-荷兰	1 176	969
8	中国-法国	2 036	1 208	俄罗斯-美国	1 337	807	俄罗斯-意大利	1 075	853
9	中国-俄罗斯	1 905	−264	中国-印度	1 263	203	中国-荷兰	758	401
10	中国-印度	1 812	158	俄罗斯-法国	1 181	652	俄罗斯-中国	747	133

虽然中间产品贸易引起的排放量占最大份额（见第三章第二节），但表 4.1 表明双边净碳转移主要通过传统的最终产品贸易完成。下游生产过程对劳动力成本敏感，且主要集中在发展中国家。作为世界工厂，中国是 2009 年最大的净碳出口国，主要是将最终产品出口到美国、日本和德国等发达国家。此外，中国显著的碳强度和巨大的贸易顺差，导致发达国家通过国际贸易向中国进行碳泄漏。从最终生产阶段的中间产品贸易的角度来看，净碳转移的主要来源是中国、加拿大、俄罗斯。例如，来自俄罗斯的原材料主要支持欧洲国家的生产。本节进一步测试了不同贸易流量的污染天堂假说。

结果表明，除中国与德国的贸易及中国与俄罗斯的贸易之外，最终产品的贸易通常对促进排放具有积极作用。例如，中美两国最终产品的双边贸易使全球排放量增加了 11 610 万吨。从最终生产阶段的中间品贸易的角度来看，对促进全球排放增长作用最大的双边贸易是中美双边贸易流，其 BAE 为 4235 万吨，其次是俄罗斯与意大利双边贸易流，其 BAE 为 1957 万吨。同时令全球排放产生负增长的双边贸易为：中日双边贸易，其 BAE 为–3042 万吨；中国台湾与中国大陆贸易，其 BAE 为–3008 万吨；中德双边贸易，其 BAE 为–1992 万吨；俄罗斯与中国贸易，其 BAE 为–691 万吨。这说明这些双边贸易国家的中间产品贸易可利于全球减排。故从全球价值链相关贸易模式的角度看，其 BAE 的绝对值与其他两种贸易模式相比较小。

表 4.1 还体现了双边贸易的污染天堂效应。例如，中美双边贸易推动了全球排放量增加，从不同贸易模式的角度来看，最终产品的双边贸易的 BAE 为 11 610 万吨，最终生产阶段的中间产品贸易的 BAE 为 4235 万吨，且狭义的全球价值链相关贸易的 BAE 为–39 万吨。中美双边贸易对全球排放量增加的促进作用可以用中国对美国的贸易顺差来解释，美国的碳强度相对中国来说较低。德国对中国也存在贸易逆差，但贸易逆差规模小于美国。此外，中国从德国进口大规模的工业产品，其碳强度相对较低。计算结果表明，最终生产阶段的中间产品的双边贸易对减少全球排放量的作用最大。表 4.1 仅呈现了前十大经济体之间净碳流量的污染天堂效应，本章将不再逐一讨论不同双边贸易流量对污染天堂效应的影响。本章发现，2009 年中澳双边贸易促进全球排放减少，其中最终产品贸易的 BAE 为 1290 万吨，最终生产阶段的中间产品贸易的 BAE 为–2927 万吨，以及狭义的全球价值链相关贸易的 BAE 为–1454 万吨。这说明中澳贸易主要通过中间产品的贸易来减少全球排放。不同的国家主要从事的国际生产阶段不同。从隐含碳排放平衡和减少排放的平衡两个角度出发，本节对每个国家或地区与世界贸易联系所产生的环境影响进行评估。

表 4.2 列出了每个国家或地区的国际贸易总额对环境的影响。BEE 表示国际贸易对每个国家或地区直接排放的影响，BAE 能够反映国际贸易对全球排放的影

响。根据贸易流总额的 BEE 和 BAE，可将这些国家或地区分为四种类型，第一种类型为促进国内和全球碳排放的国家或地区，该类型国家或地区具有正值的 BEE 和 BAE。中国和俄罗斯是该类型的两个代表性国家，两国都具有高碳强度和高贸易顺差。这说明产品是在具有相对劣势环境的国家生产的，因此，都为正值的 BEE 和 BAE 是最不理想的条件。

表 4.2 2009 年不同国家或地区不同贸易模式对环境的影响 单位：万吨

国家或地区	BEE				BAE			
	T_f	T_i	T_g	T_total	T_f	T_i	T_g	T_total
澳大利亚	−3 315	−963	400	−3 878	605	−3 518	−2 344	−5 257
奥地利	−1 162	−973	−1 321	−3 456	−177	−387	127	−438
比利时	−1 263	−473	−3 814	−5 551	−100	−872	618	−353
保加利亚	366	239	18	622	−95	70	151	126
巴西	−1 468	−2 270	299	−3 439	285	−325	−457	−496
加拿大	−3 475	1 820	−1 123	−2 778	938	−81	184	1 041
中国	62 510	25 023	18 742	106 275	14 088	−10 477	−2 110	1 500
塞浦路斯	−82	−128	−45	−255	−81	−37	−1	−118
捷克	241	441	−642	40	−128	−73	234	33
德国	−7 129	−2 063	−7 681	−16 873	−2 633	−5 555	58	−8 130
丹麦	307	1 720	−432	1 595	−560	−1 147	36	−1 672
西班牙	−1 744	−2 627	−1 291	−5 662	148	−119	104	133
爱沙尼亚	107	130	25	263	−74	−92	−67	−233
芬兰	−320	−422	−723	−1 465	−213	−176	238	−151
法国	−5 075	−5 581	−3 678	−14 333	−438	−1 000	36	−1 402
英国	−4 721	−1 755	−884	−7 360	−360	−368	287	−440
希腊	−755	−1 293	−174	−2 222	−578	−2 186	−852	−3 617
匈牙利	−126	−166	−890	−1 182	−175	−38	234	22
印度尼西亚	78	379	1 231	1 688	489	−1 464	−899	−1 874
印度	4 265	−600	612	4 277	3 023	−4 859	383	−1 454
爱尔兰	−624	−552	−1 515	−2 691	−600	−684	120	−1 164
意大利	−1 459	−7 011	−3 088	−11 558	−1 204	846	523	164
日本	−7 020	−8 702	−1 517	−17 239	924	−5 268	−2 241	−6 585
韩国	2 658	3 156	−4 401	1 412	−257	−7 169	−6 466	−13 892
立陶宛	−223	−169	−432	−824	6	6	141	153

续表

国家或地区	BEE				BAE			
	T_f	T_i	T_g	T_total	T_f	T_i	T_g	T_total
卢森堡	−123	−28	−402	−553	−78	−359	21	−416
拉脱维亚	−84	−86	−76	−246	0	20	30	49
墨西哥	−812	−400	−1 925	−3 137	293	99	438	830
马耳他	−35	−6	−37	−78	−19	−36	−24	−79
荷兰	−329	159	−3 955	−4 124	−194	−659	1 088	236
波兰	1 491	432	219	2 141	11	−69	158	101
葡萄牙	−193	−257	−166	−616	−103	−108	−18	−229
罗马尼亚	22	−297	109	−166	−49	−50	40	−59
俄罗斯	−1 750	22 380	19 323	39 953	−4 858	4 425	5 752	5 319
斯洛伐克	−155	−94	−471	−720	−79	102	250	274
斯洛文尼亚	−122	−32	−229	−383	−95	−27	59	−63
瑞典	−1 009	−504	−1 712	−3 225	−363	−901	81	−1 182
土耳其	−1 151	−93	−60	−1 303	382	24	178	584
中国台湾	1 286	5 224	−608	5 903	301	−3 914	−5 249	−8 862
美国	−25 510	−22 974	1 561	−46 923	5 971	1 412	−371	7 013
其他地区	−2 097	−585	751	−1 931	−594	−29 128	−11 950	−41 672

第二种类型是具有负值的 BEE 和正值的 BAE 的国家或地区，代表性国家是美国。美国从碳强度相对较高的国家进口大量产品，如中国。国际贸易有助于美国的减排，却导致了其他发展中国家碳排放量增加。因此，美国的国际贸易将导致更大的全球排放。最理想的情况属于第三种类型，该类型国家或地区的国际贸易有助于减少国内和全球碳排放，代表性国家是德国和日本。两国都拥有相对绿色的技术和出口导向型经济。第四种类型的国家或地区，其国际贸易促进地区内直接排放，但有利于全球减排，如中国台湾。所以，对外贸易促进了中国台湾的直接排放，但是中国台湾出口产品的很大一部分转移到碳密度相对较大的中国大陆。因此，中国台湾的对外贸易将明显减少中国大陆的碳排放，并且起到全球减排的作用。

各国或地区处在不同的国际生产阶段，具有不同的国际贸易结构和碳强度。从三种不同的贸易模式的角度出发，本章进一步解释了每个参与全球价值链的国家对环境产生的影响。从最终产品贸易的角度来看，中国仍然对应于正值 BEE 和正值 BAE，而俄罗斯则对应负值 BEE 和负值 BAE，这是因为俄罗斯从碳密度相对较低的国家进口大量最终产品。应指出的是，印度的最终产品贸易的特征与中国相同，同样增加了国家直接排放和全球排放，这说明两国应重视国际最终产品贸易。从最终生产阶段的中间产品贸易的角度来看，中国的 BEE 为正值，BAE 为负值。中国从其他工业生产碳密度较低的国家进口大量中间产品，相比较中国自己生产这些产品的排放量，进口这些产品产生的排放量更小。与中国相比，俄罗斯向国外出口大量原材料进行进一步加工，从而促进国家直接排放和全球排放的增加。在全球价值链中的许多国家或地区产生了减排作用，如韩国、日本。这也与上述结论一致，即全球价值链相关贸易利于全球减排。但是，每个国家或地区的不同贸易模式对环境的影响存在显著差异。

第四节　本章小结

随着全球价值链的发展，全球生产分工正在重塑国际贸易格局，各国处在国际生产的不同阶段。本章将双边贸易分为三种不同的贸易模式，将污染避难所假说纳入多区域投入产出分析框架，并讨论全球生产分割的环境影响。本章发现国际贸易促进全球碳排放量下降。由于下游生产逐渐转向碳强度较高的发展中国家，最终品贸易在 1997～2009 年变得越来越不具有环境效益。从国家的角度来看，每个国家不同贸易模式的环境效应存在显著差异。本章的政策含义是：全球产业分工正在显著改变国际贸易格局，国际贸易协定中的环境规定不仅要聚焦中间产品的快速发展的贸易，也应当给予对环境影响更明显的传统贸易更多关注。环境政策应同时考虑生产活动的直接排放和间接排放。例如，边境碳调整（如进口碳关税及出口退税）应针对贸易产品生产中产生的直接和间接两种排放模式。本书后续章节会对该问题进一步展开论述。

本章有几项值得探讨的潜在拓展方向。首先，我们采用了价值量投入产出表来估算 BAE，不同国家之间存在的价格差异，可能会导致一些偏差。其次，本章所采用的国内技术假设做出了进口产品是采用国内技术来生产的假设。然而，进口商可能没有生产进口产品的技术和自然资源。预计未来的相关研究将考虑技术假设和资源禀赋的因素。最后，现有不同的多区域投入产出数据库，如 WIOD、Eora、GTAP，这些数据库具有不同的特征。未来的研究可以将本章的方法应用于其他数据库并比较计算结果。

第五章　产业分工视角下碳转移路径长度分析框架

区域间产业分工已经成了一个重要的经济特征。在此背景下，本节提出区域间碳转移不仅要关注隐含碳排放的规模，还要关注隐含碳排放的跨境次数。先基于在产业链中产品所经过的边境次数定义隐含碳排放的跨境次数，在此基础上进一步提出碳足迹长度的概念，为贸易隐含碳排放问题研究提供一个全新的视角。基于多区域投入产出模型给出非常详细的隐含碳排放对应的跨境次数的推导过程，并最终给出了非常简洁的计算公式，为其他学者理解及应用该概念提供了很大的方便。将此分析框架应用于 WIOD，研究发现 1995～2009 年，隐含碳排放对应的跨境次数呈现逐渐递增的趋势。

第一节　贸易隐含碳排放研究进展

碳足迹被定义为一项经济活动所产生的直接和间接碳排放总量（Hertwich and Peters，2009）。工业革命以来，生产系统的不同生产环节在空间上变得越来越分散，本节重点讨论生产碎片化（不同国家在生产链不同位置）对于碳足迹的影响。一条生产链的跨境次数会影响最终品隐含碳排放量，每一次跨境都代表着隐含碳排放的累积，碳足迹核算需要对其进行合理分配。本章探讨了 1995～2009 年碳足迹跨境次数的变化趋势。

已有大量文献探讨不同经济活动的碳足迹，如家庭消费（Weber and Matthews，2007）、生产活动（Messagie et al.，2014）和国际贸易（Lin and Sun，2010；Xu and Dietzenbacher，2014）。随着全球生产分散化的发展，越来越多文献从全球价值链视角分析隐含碳排放（Dietzenbacher et al.，2012；Meng et al.，2018a）。为了识别碳减排责任，现有文献主要集中在碳足迹的规模或组成结构上。本章对已有文献进行了延伸，认为不仅碳足迹的规模和组成结构是重要的，而且碳足迹的跨境次数也具有重要现实意义。本章的分析工具是多区域投入产出模型（Brizga et al.，2017；Weber and Matthews，2008；Zhang and Tang，2015）。

本节内容也与通过测量生产阶段数来表征全球生产网络的文献密切相关（Antràs and Chor，2013；Dietzenbacher et al.，2005；Dietzenbacher and Romero，2007；Fally，2012a；Wang et al.，2017）。本节没有对每个生产阶段进行统计，而是特别关注涉及跨境的生产阶段的数量。Wang 等（2017）提出了一种通过分解直接需求矩阵计算增加值的跨境次数的方法。Muradov（2016）提出了一种衡量全球价值链中边境口岸加权平均数量的方法，该方法着重于直接需求矩阵。然而，碳足迹的投入产出分析框架通常是将碳系数乘以里昂惕夫逆矩阵得到碳足迹。因此，本节试图通过直接分解里昂惕夫逆矩阵，提出一种计算边界跨境次数的计算方法。

第二节　碳转移路径长度分析框架

假设世界上有 G 个国家，每个国家在 N 个不同部门生产可贸易产品。产品用于满足国内和国外的中间消费或最终消费。基于投入产出模型，产品的流向为

$$\boldsymbol{X}_s = \sum_{r}^{G} \boldsymbol{A}_{sr}\boldsymbol{X}_r + \sum_{r}^{G} \boldsymbol{Y}_{sr} \quad (s,r=1,2,\cdots,G) \tag{5.1}$$

其中，$\boldsymbol{A}_{sr}$ 为国家 s 供给国家 r 的 $N\times N$ 投入–产出系数矩阵；$\boldsymbol{X}_s$ 为国家 s 总产出向量；$\boldsymbol{Y}_{sr}$ 为国家 s 供给国家 r 的最终需求向量。重新排列得到

$$\boldsymbol{X}_s = \sum_{t,r}^{G} \boldsymbol{B}_{st}\boldsymbol{Y}_{tr} \quad (t=1,2,\cdots,G) \tag{5.2}$$

$\boldsymbol{B}_{st}$ 为 $N\times N$ 全球里昂惕夫逆矩阵，它提供了 t 国最终需求增加一个单位所需的 s 国总产出。投入–产出系数矩阵和里昂惕夫逆矩阵之间的关系满足
$\begin{bmatrix} \boldsymbol{I}-\boldsymbol{A}_{11} & -\boldsymbol{A}_{12} & \cdots & -\boldsymbol{A}_{1G} \\ -\boldsymbol{A}_{21} & \boldsymbol{I}-\boldsymbol{A}_{22} & \cdots & -\boldsymbol{A}_{2G} \\ \vdots & \vdots & & \vdots \\ -\boldsymbol{A}_{G1} & -\boldsymbol{A}_{G2} & \cdots & \boldsymbol{I}-\boldsymbol{A}_{GG} \end{bmatrix}^{-1} = \begin{bmatrix} \boldsymbol{B}_{11} & \boldsymbol{B}_{12} & \cdots & \boldsymbol{B}_{1G} \\ \boldsymbol{B}_{21} & \boldsymbol{B}_{22} & \cdots & \boldsymbol{B}_{2G} \\ \vdots & \vdots & & \vdots \\ \boldsymbol{B}_{G1} & \boldsymbol{B}_{G2} & \cdots & \boldsymbol{B}_{GG} \end{bmatrix}$，其中，$\boldsymbol{I}$ 为特征矩阵。s 国 i 部门的碳排放强度定义为 $f_{s,i}=e_{s,i}/x_{s,i}$，其中，$e_{s,i}$ 为 s 国 i 部门的碳排放；$x_{s,i}$ 为 s 国 i 部门的产出；$\boldsymbol{F}_s$ 为一个由元素 $f_{s,i}$ 构成的对角线矩阵。国家 r 的最终消费所导致的国家 s 的排放量为

$$\boldsymbol{E}_{sr} = \boldsymbol{F}_s\boldsymbol{B}_{sr}\boldsymbol{Y}_r \tag{5.3}$$

$\boldsymbol{F}_s\boldsymbol{B}_{sr}$ 为由国家 r 的最终需求引起的国家 s 的排放。出口到国家 r 的最终产品或最终被国家 r 吸收的中间产品的出口可能诱发国家 s 的排放。最终产品越境一次而中间产品可能会多次越境。因此，如果进一步分解式（5.3），可以得到不同类型的碳足迹的详细信息。根据 Wang 等（2015b）的研究，可以证明 $\boldsymbol{B}_{ss} = \boldsymbol{L}_{ss} + \sum_{r\neq s}^{G} \boldsymbol{B}_{sr}\boldsymbol{A}_{rs}\boldsymbol{L}_{ss}$ 和

$\boldsymbol{B}_{sr} = \boldsymbol{L}_{ss}\sum_{t\neq s}^{G}\boldsymbol{A}_{st}\boldsymbol{B}_{tr}$，$\boldsymbol{L}_{ss} = (\boldsymbol{I} - \boldsymbol{A}_{ss})^{-1}$是 s 国的国内里昂惕夫逆矩阵。将这两个方程代入方程（5.3）中：

$$\boldsymbol{E} = \boldsymbol{F}\boldsymbol{L}^{D}\boldsymbol{Y}^{D} + \boldsymbol{F}\boldsymbol{L}^{D}\boldsymbol{T} \tag{5.4}$$

其中，$\boldsymbol{E} = \begin{bmatrix} \boldsymbol{E}_1 & \boldsymbol{0} & \cdots & \boldsymbol{0} \\ \boldsymbol{0} & \boldsymbol{E}_2 & \cdots & \boldsymbol{0} \\ \vdots & \vdots & & \vdots \\ \boldsymbol{0} & \boldsymbol{0} & \cdots & \boldsymbol{E}_G \end{bmatrix}$；$\boldsymbol{F} = \begin{bmatrix} \boldsymbol{F}_1 & \boldsymbol{0} & \cdots & \boldsymbol{0} \\ \boldsymbol{0} & \boldsymbol{F}_2 & \cdots & \boldsymbol{0} \\ \vdots & \vdots & & \vdots \\ \boldsymbol{0} & \boldsymbol{0} & \cdots & \boldsymbol{F}_G \end{bmatrix}$；$\boldsymbol{L}^{D} = \begin{bmatrix} \boldsymbol{L}_{11} & \boldsymbol{0} & \cdots & \boldsymbol{0} \\ \boldsymbol{0} & \boldsymbol{L}_{22} & \cdots & \boldsymbol{0} \\ \vdots & \vdots & & \vdots \\ \boldsymbol{0} & \boldsymbol{0} & \cdots & \boldsymbol{L}_{GG} \end{bmatrix}$；

$\boldsymbol{Y}^{D} = \begin{bmatrix} \boldsymbol{Y}_{11} & \boldsymbol{0} & \cdots & \boldsymbol{0} \\ \boldsymbol{0} & \boldsymbol{Y}_{22} & \cdots & \boldsymbol{0} \\ \vdots & \vdots & & \vdots \\ \boldsymbol{0} & \boldsymbol{0} & \cdots & \boldsymbol{Y}_{GG} \end{bmatrix}$；$\boldsymbol{T} = \boldsymbol{Y}^{E} + (\boldsymbol{Z} + \boldsymbol{Z}^{2} + \cdots)\boldsymbol{Y}$；$\boldsymbol{Y}^{E} = \begin{bmatrix} \boldsymbol{0} & \boldsymbol{Y}_{12} & \cdots & \boldsymbol{Y}_{1G} \\ \boldsymbol{Y}_{21} & \boldsymbol{0} & \cdots & \boldsymbol{Y}_{2G} \\ \vdots & \vdots & & \vdots \\ \boldsymbol{Y}_{G1} & \boldsymbol{Y}_{G2} & \cdots & \boldsymbol{0} \end{bmatrix}$；

$\boldsymbol{Y} = \boldsymbol{Y}^{D} + \boldsymbol{Y}^{E} = \begin{bmatrix} \boldsymbol{Y}_{11} & \boldsymbol{Y}_{12} & \cdots & \boldsymbol{Y}_{1G} \\ \boldsymbol{Y}_{21} & \boldsymbol{Y}_{22} & \cdots & \boldsymbol{Y}_{2G} \\ \vdots & \vdots & & \vdots \\ \boldsymbol{Y}_{G1} & \boldsymbol{Y}_{G2} & \cdots & \boldsymbol{Y}_{GG} \end{bmatrix}$；$\boldsymbol{Z} = \begin{bmatrix} \boldsymbol{0} & \boldsymbol{A}_{12}\boldsymbol{L}_{22} & \cdots & \boldsymbol{A}_{1G}\boldsymbol{L}_{GG} \\ \boldsymbol{A}_{21}\boldsymbol{L}_{11} & \boldsymbol{0} & \cdots & \boldsymbol{A}_{2G}\boldsymbol{L}_{GG} \\ \vdots & \vdots & & \vdots \\ \boldsymbol{A}_{G1}\boldsymbol{L}_{11} & \boldsymbol{A}_{G2}\boldsymbol{L}_{22} & \cdots & \boldsymbol{0} \end{bmatrix}$；$\boldsymbol{F}\boldsymbol{L}^{D}\boldsymbol{Y}^{D}$为国内需求通过国内经济联系引起的排放量，与国际贸易无关；$\boldsymbol{F}\boldsymbol{L}^{D}\boldsymbol{T}$为隐含在国际贸易中的排放量；国际贸易用$\boldsymbol{T}$表示；最终品贸易只越过一次边界，用$\boldsymbol{Y}^{E}$表示。中间品贸易至少要在两个国家进行加工，然后才能最终被国内或国外吸收，这个过程可能会多次跨越国界，用$(\boldsymbol{Z} + \boldsymbol{Z}^{2} + \cdots)\boldsymbol{Y}$表示。那么，与国际贸易相关的碳足迹跨越国界的平均频率的总和可以表示为

$$\mathrm{BCF} = \frac{\boldsymbol{F}\boldsymbol{L}^{D}(1\boldsymbol{Z} + 2\boldsymbol{Z}^{2} + \cdots)\boldsymbol{Y}^{D} + \boldsymbol{F}\boldsymbol{L}^{D}(\boldsymbol{I} + 2\boldsymbol{Z} + 3\boldsymbol{Z}^{2} + \cdots)\boldsymbol{Y}^{E}}{\boldsymbol{F}\boldsymbol{L}^{D}\boldsymbol{T}} \tag{5.5}$$

由方程（5.5）可得到不同类型碳足迹的跨境次数。将矩阵中的所有元素相加，可以得到汇总后的碳足迹全球平均边界交叉频率。将矩阵行相加，就可以沿着前向产业链路追踪一个排放源的排放总量，直到产出最终被吸收。对于每一列，可以得到在上游生产阶段为满足某一特定国家在全球价值链上的最终消费而产生的所有排放量。换句话说，可以得到前向和后向视角下的国家碳足迹跨境次数。此外，还可以进行行业层面分析。

虽然方程（5.5）很直观，但由于方程（5.5）中存在无穷项，因此不能直接用于计算碳足迹的边界交叉频率。根据逆矩阵的特性，我们可以得到$\boldsymbol{I} + \boldsymbol{Z} + \boldsymbol{Z}^{2} + \cdots = (\boldsymbol{I} - \boldsymbol{Z})^{-1}$和$\boldsymbol{I} + 2\boldsymbol{Z} + 3\boldsymbol{Z}^{2} + \cdots = [(\boldsymbol{I} - \boldsymbol{Z})^{-1}]^{2}$。最后得到碳足迹总平均跨境次数的解：

$$\mathrm{BCF} = \frac{\boldsymbol{F}\boldsymbol{L}^{D}(\boldsymbol{I} - \boldsymbol{Z})^{-1}\boldsymbol{T}}{\boldsymbol{F}\boldsymbol{L}^{D}\boldsymbol{T}} \tag{5.6}$$

第三节　碳转移路径长度分析结果

将上文提出的方法应用于 WIOD，该数据库提供了 1995～2011 年 40 个国家和 35 个行业的国家间投入-产出数据库，以及 1995～2009 年按部门和能源商品分列的国家碳排放情况。我们可以计算出 1995～2009 年碳足迹的跨境次数，2010 年和 2011 年的跨境次数是采用 2009 年的碳排放强度来计算的。此外，我们还模拟了不同的边界碳足迹调整的情景。基于方程（5.6）计算得到 1995～2011 年国际贸易隐含碳足迹的平均跨境次数，结果如图 5.1 所示。

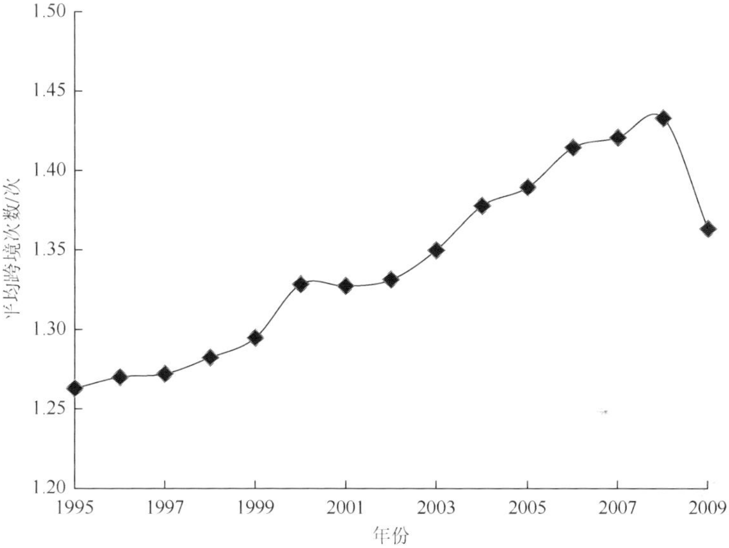

图 5.1　1995～2009 年国际贸易隐含碳足迹的平均跨境次数

图 5.1 展示了 1995～2009 年国际贸易隐含碳足迹的平均跨境次数的变化趋势。该图显示，碳足迹平均跨境次数呈上升趋势，从 1995 年的 1.26 增加到 2000 年的 1.32。2001 年全球经济衰退对国际贸易产生了负面影响，因此出现了小幅下降。2002 年后，跨境次数再次上升，2008 年达到峰值。2008～2009 年金融危机对全球产业分工产生了较大冲击，导致 2009 年平均跨境次数大幅下降。研究结果表明，碳足迹的边境跨界次数受经济危机的影响较大，2008 年开始的全球经济衰退对全球产业分工的影响远大于 2001 年的经济衰退。碳足迹的边境跨界次数的增加趋势表明，全球生产分工越来越复杂。本书进一步从国家视角出发探讨碳足迹的跨境次数。

国际贸易隐含碳转移对确定区域碳减排责任具有重要意义。现有的研究主要集中在碳转移的规模和渠道上，而本书重点研究了碳转移的跨境次数。计算结果如表 5.1 所示。

表 5.1 碳转移矩阵的总平均跨境次数 单位：次

国家或地区	AUS	BRA	CAN	CHN	EU	IDN	IND	JPN	KOR	MEX	RUS	TUR	TWN	USA	ROW	平均
澳大利亚（AUS）	2.25	1.83	1.39	1.20	1.66	1.20	1.19	1.15	1.19	2.00	1.85	2.16	1.21	1.52	1.29	1.35
巴西（BRA）	1.87	2.26	1.40	1.22	1.52	1.51	1.62	1.47	1.43	1.36	1.50	1.67	1.51	1.41	1.19	1.36
加拿大（CAN）	1.42	1.26	2.14	1.37	1.50	1.57	1.40	1.33	1.46	1.42	1.88	1.92	1.51	1.07	1.43	1.26
中国（CHN）	1.14	1.26	1.24	2.23	1.37	1.17	1.22	1.12	1.13	1.28	1.25	1.30	1.21	1.22	1.22	1.26
欧盟（EU）	1.39	1.42	1.46	1.59	1.31	1.65	1.65	1.62	1.56	1.54	1.36	1.30	1.57	1.50	1.26	1.34
印度尼西亚（IDN）	1.26	1.57	1.60	1.41	1.59	2.22	1.34	1.15	1.19	1.77	1.60	1.25	1.18	1.48	1.26	1.37
印度（IND）	1.23	1.35	1.14	1.35	1.35	1.14	2.22	1.36	1.40	1.54	1.36	1.16	1.30	1.24	1.16	1.26
日本（JPN）	1.40	1.61	1.52	1.25	1.71	1.24	1.74	2.23	1.13	1.47	1.52	1.88	1.11	1.47	1.17	1.34
韩国（KOR）	1.41	1.46	1.54	1.17	1.61	1.24	1.49	1.26	2.22	1.38	1.39	1.39	1.27	1.50	1.16	1.32
墨西哥（MEX）	1.71	1.30	1.28	1.68	1.56	2.05	1.83	1.58	1.75	2.10	2.04	1.89	2.01	1.05	1.42	1.22
俄罗斯（RUS）	2.18	1.75	2.03	1.52	1.55	1.98	1.80	1.66	1.66	2.11	2.37	1.43	1.77	1.85	1.36	1.56
土耳其（TUR）	1.68	1.67	1.53	1.87	1.27	1.70	1.66	1.98	1.86	1.92	1.22	2.23	1.89	1.59	1.15	1.30
中国台湾（TWN）	1.50	1.56	1.59	1.19	1.69	1.42	1.75	1.13	1.45	1.54	1.97	1.82	2.24	1.45	1.46	1.41
美国（USA）	1.28	1.24	1.06	1.32	1.42	1.48	1.42	1.23	1.24	1.06	1.64	1.64	1.21	2.17	1.18	1.31
其他地区（ROW）	1.21	1.20	1.44	1.24	1.37	1.17	1.08	1.17	1.19	1.49	1.31	1.25	1.22	1.28	2.24	1.33
平均	1.27	1.32	1.29	1.38	1.39	1.27	1.24	1.22	1.25	1.33	1.39	1.33	1.28	1.32	1.30	

表 5.1 列出了 2009 年不同国家或地区之间碳转移的平均跨境次数。从横向角度看，如果我们假设任意两个不同国家或地区之间的距离为 1，那么汇总的平均跨境次数反映了从排放国到最终消费者的碳转移的距离；从前向产业关联的角度看，位于生产链上游、出口原材料数量较多的国家或地区，其碳足迹的跨境次数往往较大。例如，俄罗斯的平均跨境次数最高（1.56）。作为世界工厂，中国向其他国家出口了大量的制成品。因此，从前向产业关联的角度看，中国的总体平均跨境次数较低（1.26）。墨西哥也是如此，它也出口大量的最终产品且平均跨境次数最低（1.22）。我们还可以沿着全球价值链追溯到上游生产阶段为满足特定国家的最终消费而产生的所有排放。从纵向的角度来看，汇总的平均跨境次数反映了一个国家或地区最终需求的外生性变化对消费型排放的影响所需要的跨境的平均数。如果一个国家的进口产品是在多个不同国家加工的，其碳足迹跨境次数会更高，如欧盟（1.39）。相比之下，日本（1.22）进口大量的原材料，其生产阶段相对简单。因此，从后向国际联系角度看，日本的跨境次数最低。

根据 2009 年的累积平均跨境次数，可将这些国家或地区分为四类。第一类，如欧盟、俄罗斯等，从前向产业关联和后向产业关联的角度看，其跨境次数较高。

也就是说，第一类国家或地区的进出口产品在多个不同的国家进行加工。这些国家或地区面临的碳泄漏问题比较复杂。对于第二种类型的国家或地区，如澳大利亚、巴西、印度尼西亚、日本、中国台湾等，前向产业关联的跨境次数较高，后向产业关联的跨境次数较低。从跨境次数来衡量，这些国家或地区与供应国的距离较近，但与消费者的距离较长。第三类国家或地区，如中国、土耳其等，前向产业关联的跨境次数较低，后向产业关联的跨境次数较高。这些国家或地区的出口产品很快就被消费者所吸收。但是，进口产品在进口前要经过几个不同国家的加工。对于第四类，如加拿大、墨西哥、韩国等，它们从前向国际联系和从后向国际联系的跨境次数较少。这类国家或地区的贸易产品加工相对较少，从跨境次数来看，这些国家面临的碳泄漏问题相对简单。

两个不同国家之间的碳转移相关的跨境次数至少为一次。但是，贸易产品在返回国内之前至少需要跨越国境两次。较小的跨境次数意味着这两个国家之间的碳转移主要通过直接的国际贸易发生，如墨西哥向美国的碳转移，跨境次数只有 1.05。跨境次数越多，意味着间接贸易在国际碳转移中起的作用越重要，如俄罗斯到澳大利亚的碳转移跨境次数高达 2.18。

部门排放是为了支持出口产品的生产而产生的，这些产品多次跨越边境，直到被最终消费者吸收。图 5.2 显示了从部门角度看碳足迹的平均跨境次数的汇总情况。

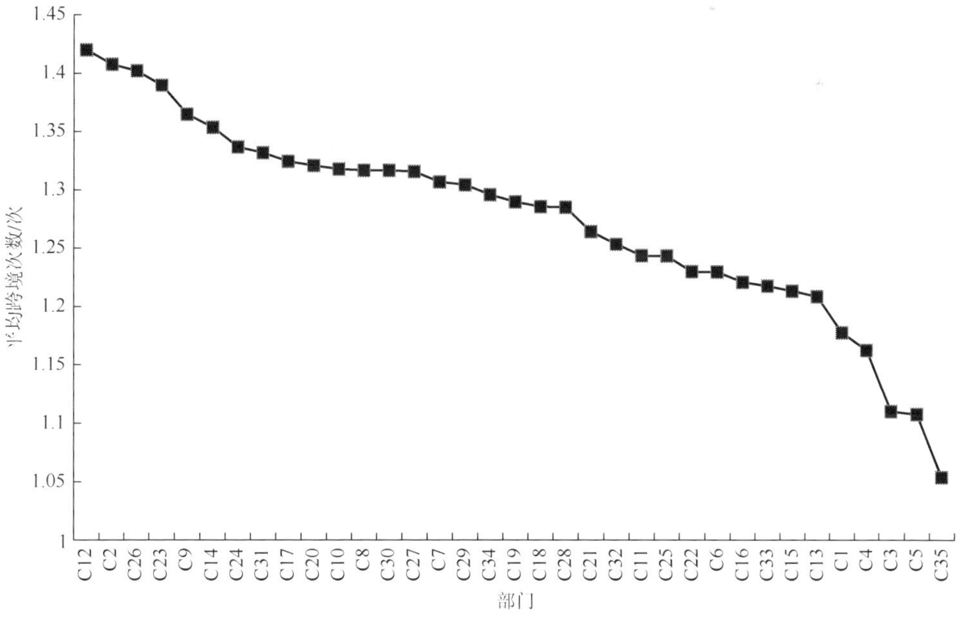

图 5.2　2009 年部门碳足迹的平均跨境次数

图 5.2 按平均跨境次数由高到低的顺序列出了这 35 个部门。根据 2009 年的平均跨境次数，这些部门可分为两类。第一类的跨境次数高于 2009 年的平均水平（1.33）。例如，C12（基本金属及金属制品业，1.42）的跨境次数最多，其次是 C2（采矿和采石业，1.41）和 C26（其他辅助和辅助运输活动，1.40）。这些部门的相关产品广泛应用于工业生产或为国际贸易提供辅助服务。第二类部门对应的平均跨境次数低于 2009 年的平均水平。第二类行业主要由第一产业、第三产业和轻工业组成。原因之一是这些行业的生产相对于重工业生产而言比较集中，受国际贸易的影响较小。

本章进一步对 C12 部门对应碳足迹的跨境次数做较全面的分析，计算了各国出口所引起的 C12 部门的排放量，并按碳足迹跨境次数的递增顺序排列。结果显示，出口引起的 C12 部门的排放量随过境次数的变化呈“U”形曲线。中国的 C12 部门的出口引起排放规模最大（1.93 亿吨），其次是欧盟（1.27 亿吨）和俄罗斯（0.85 亿吨）。中国的金属制品行业的碳足迹的跨境次数最低（1.29），而俄罗斯的金属制品行业的碳足迹跨境次数最高（1.60），其次是欧盟（1.53）。换句话说，中国金属制品行业的碳排放受最终需求变动影响相较于俄罗斯和欧盟更加直接。其他国家或地区的 C12 部门的跨境次数也存在显著差异，但出口引起的碳排放规模相对较小。

第四节　本 章 小 结

近年来，生产碎片化是世界经济的一个重要特征。本章认为政策制定者不仅要关注碳足迹的规模和结构，而且要考虑碳转移路径长度。碳转移路径长度根据供应链跨越边境的次数进行衡量，本书给出了碳转移路径长度的测算方法，并利用 WIOD 进行了实证分析。研究发现，碳转移路径长度呈现逐渐上升的趋势，但是受金融危机的影响非常明显。在前向关联视角下，处于产业链上游的原材料出口国对应跨境次数较高；在后向关联视角下欧盟对应的跨境次数较高。不同国家的碳转移跨境次数呈现明显的差异性。对于金属制品行业，根据不同地区跨境次数排列发现碳排放量呈现“U”形曲线关系。本书提出的碳转移跨境次数的概念也可用于环境政策实施效果分析，本书后续章节将进一步详细讨论。

第三篇　产业分工与碳减排责任分解

第六章　考虑区域技术异质性的碳减排责任

明确不同主体碳减排责任是进行碳减排政策设计及分析政策实施效果的重要基础。针对现有的生产端和消费端核算框架都不能促进绿色贸易这一问题，Kander等（2015）提出了一种考虑区域技术异质性的碳减排责任分解框架。本书基于全球产业分工的基本特征，对现有的区域碳排放责任核算框架进行了改进，提出一种新的考虑区域技术异质性的分解框架，详细区分了直接出口和累积出口、前向和后向产业关联及不同的贸易模式。进一步将该核算方法体系应用于全球投入产出表，基于新的核算方法体系重新刻画了全球碳排放责任。通过选择合理的平均碳排放系数，新核算方法体系可以满足可加性、敏感性、单调性和规模一致性等特征。

第一节　考虑区域技术异质性的碳减排责任研究进展

全球碳排放中的很大一部分是由国际贸易引发的。国际碳排放的核算方法应当鼓励有利于降低碳排放的贸易形式，而基于生产端的核算和基于消费端的核算都无法满足这一要求。生产端的核算面临碳泄漏的问题，而消费端的核算无法激励国家出口清洁产品。为了解决这一问题，Kander等（2015）基于里昂惕夫消费模型，提出了考虑区域技术异质性的碳排放核算方法。随着全球产业分工的不断深化，中间产品贸易已经成了国际碳转移的主要渠道。然而，传统的里昂惕夫模型无法分解中间商品贸易，导致很难完整刻画两国贸易中所引发的排放。本章提出了一种新的基于技术调整的生产端碳排放核算方法。

基于技术调整的消费者负责原则是生产者负责原则对应排放加上进口隐含排放量，再减去为生产出口产品而产生的潜在的排放。基于技术调整的消费者负责原则认为，一个国家不仅要对其进口产品隐含的温室气体排放负责，还要对生产出口产品超过世界平均水平的那部分排放负责。如果一国生产的碳排放强度小于世界平均水平，则其出口应被鼓励，反之，这个国家应该付出相应代价。出口部门的碳排放强度差异不应只计入部门直接二氧化碳排放，还应考虑中间产品投入。例如，中国的电力部门产生大量的碳排放，以支持其他部门生产出口商品。Kander等（2015）的技术调整型核算方法强调不同部门碳强度的差异性，本书通过同时计算直接碳排放和中间投入的间接排放对该核算方法进行进一步拓展。

大量研究都在分析二氧化碳减排责任在全球供给链中的分解，以及全球生产分工的环境影响。Meng 等（2017）认为区别前向产业联系和后向产业联系对于分析贸易隐含排放非常重要。本章的基于技术调整的碳排放核算方法从后向产业关联的视角来核算出口中的排放，着重强调国内整体排放的差异性。中间品贸易占据的世界贸易总额的比重在逐渐上升，对环境的影响越来越明显。本章提出的核算方法能够区别中间品贸易和最终品贸易形式。现有文献还提出了其他碳排放核算方法，如基于开采地的核算方法和基于收入的核算方法。本章主要关注于基于技术调整的生产和消费核算方法，其他核算方法的改进留给后续研究。

基于技术调整的消费者负责原则改进了原有的消费者负责原则，但是 Steininger 等（2016）提到未来生产者负责的原则仍然是核算多区域排放的主要指标。基于此本章进一步给出了基于技术调整的生产者负责原则。基于技术调整的生产者负责原则是消费者负责原则下的碳排放加上出口隐含排放，并减去为生产进口产品所产生的潜在的世界平均排放量。基于技术调整的生产者负责原则强调一个国家不仅要考虑领土内产生的直接排放，还考虑这个国家进口隐含的碳排放。基于技术调整的生产者负责原则可以解决生产者负责原则面临的碳泄漏问题，也可以鼓励各国进口清洁产品和生产专业化。

第二节 考虑区域技术异质性的碳减排责任核算框架

研究使用的方法基于多区域投入产出模型（Leontief，1936），不同国家通过中间产品和最终产品的区域间贸易进行连接，每个国家的产出用于满足中间消费需求或最终消费需求。

$$\begin{bmatrix} \boldsymbol{X}^1 \\ \boldsymbol{X}^2 \\ \vdots \\ \boldsymbol{X}^g \end{bmatrix} = \begin{bmatrix} \boldsymbol{A}^{11} & \boldsymbol{A}^{12} & \cdots & \boldsymbol{A}^{1g} \\ \boldsymbol{A}^{21} & \boldsymbol{A}^{22} & \cdots & \boldsymbol{A}^{2g} \\ \vdots & \vdots & & \vdots \\ \boldsymbol{A}^{g1} & \boldsymbol{A}^{g2} & \cdots & \boldsymbol{A}^{gg} \end{bmatrix} \begin{bmatrix} \boldsymbol{X}^1 \\ \boldsymbol{X}^2 \\ \vdots \\ \boldsymbol{X}^g \end{bmatrix} + \begin{bmatrix} \sum_r^G \boldsymbol{Y}^{1r} \\ \sum_r^G \boldsymbol{Y}^{2r} \\ \vdots \\ \sum_r^G \boldsymbol{Y}^{gr} \end{bmatrix} \tag{6.1}$$

其中，$\boldsymbol{X}$ 为国家的最终产出；$\boldsymbol{Y}$ 为国家或地区的最终需求；$\boldsymbol{A}$ 为中间投入系数矩阵。式（6.1）可以变形为

$$\begin{bmatrix} \boldsymbol{X}^1 \\ \boldsymbol{X}^2 \\ \vdots \\ \boldsymbol{X}^g \end{bmatrix} = \begin{bmatrix} \boldsymbol{I}-\boldsymbol{A}^{11} & -\boldsymbol{A}^{12} & \cdots & -\boldsymbol{A}^{1g} \\ -\boldsymbol{A}^{21} & \boldsymbol{I}-\boldsymbol{A}^{22} & \cdots & -\boldsymbol{A}^{2g} \\ \vdots & \vdots & & \vdots \\ -\boldsymbol{A}^{g1} & -\boldsymbol{A}^{g2} & \cdots & \boldsymbol{I}-\boldsymbol{A}^{gg} \end{bmatrix}^{-1} \begin{bmatrix} \sum_r^G \boldsymbol{Y}^{1r} \\ \sum_r^G \boldsymbol{Y}^{2r} \\ \vdots \\ \sum_r^G \boldsymbol{Y}^{gr} \end{bmatrix} = \begin{bmatrix} \boldsymbol{B}^{11} & \boldsymbol{B}^{12} & \cdots & \boldsymbol{B}^{1g} \\ \boldsymbol{B}^{21} & \boldsymbol{B}^{22} & \cdots & \boldsymbol{B}^{2g} \\ \vdots & \vdots & & \vdots \\ \boldsymbol{B}^{g1} & \boldsymbol{B}^{g2} & \cdots & \boldsymbol{B}^{gg} \end{bmatrix} \begin{bmatrix} \sum_r^G \boldsymbol{Y}^{1r} \\ \sum_r^G \boldsymbol{Y}^{2r} \\ \vdots \\ \sum_r^G \boldsymbol{Y}^{gr} \end{bmatrix} \tag{6.2}$$

其中，$\boldsymbol{B}$ 为里昂惕夫逆矩阵。从式（6.2）开始，国家的最终产出如下：

$$\boldsymbol{X}^r = \sum_t^G \boldsymbol{B}^{rt} \sum_u^G \boldsymbol{Y}^{tu} \tag{6.3}$$

国家 r 到国家 s 的中间投入是 $\boldsymbol{Z}^{sr} = \boldsymbol{A}^{sr}\boldsymbol{X}^r$。然后，各国间的双边出口可以分为两类：直接出口和累积出口。直接出口是两国之间的直接贸易联系，贸易产品不一定由贸易伙伴吸收。累积出口代表两个区域之间出口产品的直接和间接交付，贸易产品由另一个区域吸收。

$$\boldsymbol{T}_{\text{bil}}^{sr} = \underbrace{\boldsymbol{Y}^{sr}}_{T_{\text{bil},f}^{sr}} + \underbrace{\boldsymbol{A}^{sr}\sum_t^G \boldsymbol{B}^{rt}\boldsymbol{Y}^{ts}}_{R_{\text{bil},i}^{sr}} + \underbrace{\boldsymbol{A}^{sr}\sum_t^G \boldsymbol{B}^{rt}\sum_{u\neq s}^G \boldsymbol{Y}^{tu}}_{T_{\text{bil},i}^{sr}} \tag{6.4}$$

$$\boldsymbol{T}_{\text{cum}}^{sr} = \underbrace{\boldsymbol{Y}^{sr}}_{T_{\text{cum},f}^{sr}} + \underbrace{\sum_{u\neq s}^G \boldsymbol{A}^{su}\sum_t^G \boldsymbol{B}^{ut}\boldsymbol{Y}^{tr}}_{T_{\text{cum},i}^{sr}} \tag{6.5}$$

其中，$\boldsymbol{T}_{\text{bil},f}^{sr}$ 和 $\boldsymbol{T}_{\text{cum},f}^{sr}$ 分别为最终货物的直接和累积出口；R 为国家将返回并被本国吸收的中间货物的直接出口。在总产出平衡的基础上，得出国家总产值为 $\boldsymbol{X}^s = \boldsymbol{L}^{ss}\boldsymbol{Y}^{ss} + \boldsymbol{L}^{ss}\sum_{s\neq r}^G \boldsymbol{T}_{\text{bil}}^{sr}$，国内里昂惕夫逆矩阵为 $\boldsymbol{L}^{rr} = (\boldsymbol{I} - \boldsymbol{A}^{rr})^{-1}$。国家部门的碳强度定义为 $f_i^s = e_i^s / x_i^s$，其中 e_i^s 为国家部门的二氧化碳排放量。$\boldsymbol{F}^s$ 是一个对角矩阵，由 f_i^s 构成。基于生产者负责原则的国家排放分解如下①：

$$\boldsymbol{E}_{\text{pro}}^s = \boldsymbol{F}^s\boldsymbol{L}^{ss}\#\tilde{\boldsymbol{Y}}^{ss} + \boldsymbol{F}^s\boldsymbol{L}^{ss}\#\sum_{s\neq r}^G \tilde{\boldsymbol{R}}_{\text{bil},i}^{sr} + \boldsymbol{F}^s\boldsymbol{L}^{ss}\#\sum_{s\neq r}^G \tilde{\boldsymbol{T}}_{\text{bil},f}^{sr} + \boldsymbol{F}^s\boldsymbol{L}^{ss}\#\sum_{s\neq r}^G \tilde{\boldsymbol{T}}_{\text{bil},i}^{sr} \tag{6.6}$$

基于消费者负责原则的碳排放相当于基于生产者负责原则碳排放在增加其他地区累积出口中所含的排放量，并减去该区域出口且被其他地区吸收产品中隐含的排放量。基于消费者负责原则的碳排放量为

$$\boldsymbol{E}_{\text{con}}^s = \boldsymbol{E}_{\text{pro}}^s - \boldsymbol{F}^s\boldsymbol{L}^{ss}\#\sum_h\sum_{s\neq r}^G \tilde{\boldsymbol{T}}_{\text{bil},h}^{sr} + \sum_h\sum_{s\neq r}^G \boldsymbol{F}^r\boldsymbol{L}^{rr}\#\tilde{\boldsymbol{T}}_{\text{cum},h}^{rs} \tag{6.7}$$

本章对不同贸易模式的平均碳排放系数进行了如下定义：

$$\boldsymbol{N}_{\text{bil},h} = \frac{\sum_s^G\sum_{r\neq s}^G \boldsymbol{F}^s\boldsymbol{L}^{ss}\#\tilde{\boldsymbol{T}}_{\text{bil},h}^{sr}}{\sum_s^G\sum_{r\neq s}^G \tilde{\boldsymbol{T}}_{\text{bil},h}^{sr}} \tag{6.8}$$

---

① 本书公式中的#表示矩阵按元素相乘。

$$\boldsymbol{N}_{\text{cum},h}=\frac{\sum_{s}^{G}\sum_{r\neq s}^{G}\boldsymbol{F}^{s}\boldsymbol{L}^{ss}\#\tilde{\boldsymbol{T}}_{\text{cum},h}^{sr}}{\sum_{s}^{G}\sum_{r\neq s}^{G}\tilde{\boldsymbol{T}}_{\text{cum},h}^{sr}} \tag{6.9}$$

$\sum_{r}^{G}\tilde{\boldsymbol{T}}_{\text{bil},h}^{sr}=\sum_{r}^{G}\tilde{\boldsymbol{T}}_{\text{cum},h}^{sr}$， $\boldsymbol{N}_{\text{bil},h}=\boldsymbol{N}_{\text{cum},h}$。基于技术调整的消费者负责原则计算公式为

$$\text{TCBA}^{s}=\boldsymbol{E}_{\text{pro}}^{s}-\sum_{h}\boldsymbol{N}_{\text{bil},h}\#\sum_{r\neq s}^{G}\tilde{\boldsymbol{T}}_{\text{bil},h}^{sr}+\sum_{h}\sum_{r\neq s}^{G}\boldsymbol{F}^{r}\boldsymbol{L}^{rr}\#\tilde{\boldsymbol{T}}_{\text{cum},h}^{rs} \tag{6.10}$$

式（6.10）与式（6.7）类似，只是出口隐含的排放量是根据世界平均生产技术计算的。基于技术调整的消费者负责原则不仅考虑了一国最终消费产生的排放，还考虑了该国出口替代的生产。本章进一步提出基于技术调整的生产者负责原则计算公式：

$$\text{TPBA}^{s}=\boldsymbol{E}_{\text{con}}^{s}-\sum_{h}\sum_{r\neq s}^{G}\boldsymbol{N}_{\text{cum},h}\#\tilde{\boldsymbol{T}}_{\text{cum},h}^{rs}+\boldsymbol{F}^{s}\boldsymbol{L}^{ss}\#\sum_{h}\sum_{r\neq s}^{G}\tilde{\boldsymbol{T}}_{\text{bil},h}^{sr} \tag{6.11}$$

基于技术调整的生产者负责原则不仅考虑一国境内的直接排放，而且考虑该国进口对全球排放的影响。本章进一步基于一个两区域模型，对提出的分析框架与 Kander 等（2015）提出的分析框架进行比较。每个区域包含两个垂直关联的行业（行业 X 和行业 Y），经济关联关系如图 6.1 所示。

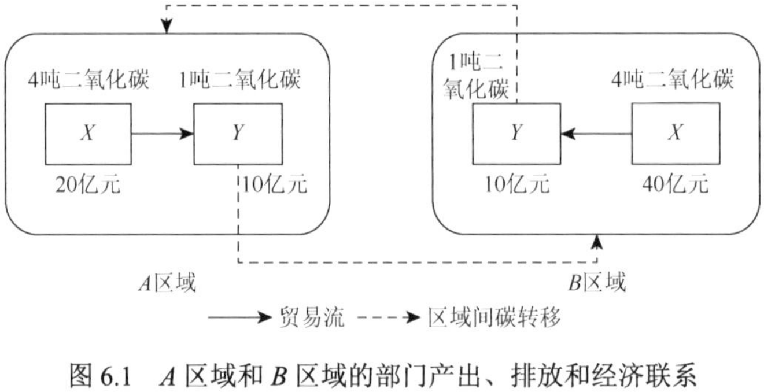

图 6.1　A 区域和 B 区域的部门产出、排放和经济联系

上游 X 行业所有产品均用于满足下游 Y 行业的国内中间需求，Y 行业产品出口以满足国外需求。A 区域 X 和 Y 行业的产值分别为 20 亿元和 10 亿元。B 区域 X 和 Y 行业的产值分别为 40 亿元和 10 亿元。假定这两个区域具有相同的价格水平。A 区域 X 和 Y 行业二氧化碳排放量分别为 4 吨和 1 吨。B 区域 X 和 Y 行业二氧化碳排放量分别为 4 吨和 1 吨。

根据生产者负责原则和消费者负责原则，这两个地区对应的碳排放量均为 5 吨。对于 Y 行业，A 区域和 B 区域具有相同的碳强度。然而，A 区域 X 行业比 B

区域 X 行业具有更高的碳强度。Kander 等（2015）提出的方法主要侧重于部门直接碳强度的差异。因此，根据 Kander 等（2015）提出的方法，A 区域比 B 区域承担更大的碳排放责任。然而，在考虑中间投入结构时，A 区域和 B 区域的出口对全球排放量的贡献相等。A 区域的出口需要较少的中间投入规模，两个区域出口隐含的二氧化碳排放量没有差别。因此，根据本章提出的核算方法，在不同碳排放核算原则下的区域排放量相等。本章提出的核算方法是基于后向产业关联分析，而 Kander 等（2015）采用的是前向产业关联分析，故得出的结果具有一定的差异。

第三节　考虑区域技术异质性的碳减排责任实证应用

本章实证研究采用的数据基础来自 WIOD，该数据库的环境账户给出了不同地区的碳排放量。据此，我们可以得到不同国家基于生产者负责原则的碳排放量。本章分别测算基于不同碳排放核算原则下区域碳排放责任。随着全球产业分工的深化，不同碳排放核算方法之间的关键区别在于贸易隐含碳排放如何划分（Davis et al.，2011）。比如，与贸易无关的碳排放的核算在生产者负责原则和消费者负责原则下没有差别，然而生产者负责原则考虑了本地区为生产出口品所产生的直接排放，而消费者负责原则测算了该地区消费行为所隐含的本国及其他地区碳排放。

基于生产者负责原则，某一地区的碳排放量包括三部分：与贸易无关的经济活动导致的碳排放、生产最终品所产生的排放、生产中间品所产生的排放。基于消费者负责原则，某一地区的碳排放同样包括三部分：与贸易无关的经济活动导致的碳排放、对其他地区进口并消费最终品隐含的碳排放、对其他地区进口并消费中间品隐含的碳排放。从全球的角度来看，累积出口金额与直接出口的规模相等，因此生产者负责原则和消费者负责原则下的碳排放相等。虽然与贸易无关的碳排放在生产者负责原则和消费者负责原则下无差异，但是在不同核算原则下贸易隐含的碳排放的划分具有明显差异。比如，中国进口隐含碳排放要高于其他地区对中国累积出口隐含碳排放。中国是隐含碳排放的净出口国，在消费者负责原则下，中国碳减排责任降低。其他主要的隐含碳排放净出口地区为俄罗斯、韩国和我国的台湾地区。这些国家和地区产生了大量的碳排放，以支持其他地区的消费，如美国和欧盟。对中间品贸易和最终品贸易对比分析表明，中间品贸易在区域间碳转移扮演着越来越重要的角色。最终品贸易与中间品贸易具有不同贸易模式和碳排放强度，因而基于技术调整的碳排放核算方法对于不同贸易模式的区分具有重要意义。本章进一步对比分析四种碳排放核算原则下不同地区碳排放的差异性。图 6.2 介绍了欧盟、美国、中国和卢森堡四个地区在不同的碳排放核算原则下的二氧化碳排放变化趋势。

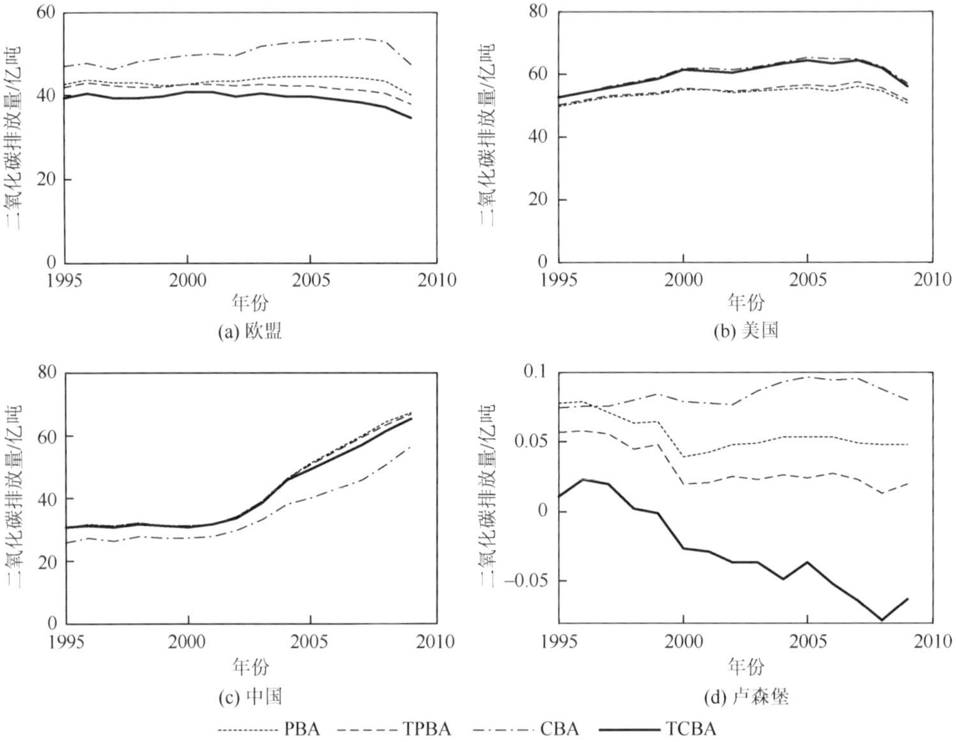

图 6.2 欧盟、美国、中国和卢森堡在四种核算模式下（1995～2009 年）的排放量趋势变化

对欧盟而言，基于技术调整的消费者负责原则（TCBA）下的排放量明显低于消费者负责原则（CBA）下的排放量，基于技术调整的生产者负责原则（TPBA）下的排放量低于生产者负责原则（PBA）下计算的排放量。这意味着欧盟的碳强度低于世界平均水平，同时从碳强度相对较低的地区进口产品。欧盟通过与其他国家的贸易促进全球碳节约。因此，根据技术调整的碳排放核算原则，欧盟承担低碳排放责任会降低。美国基于消费者负责原则的碳排放高于基于生产者负责原则的碳排放。然而，当碳排放核算原则从消费者负责原则向基于技术调整的消费者负责原则转变时，碳减排责任没有显著降低，这说明美国的碳排放效率与全球碳排放效率水平趋于一致。美国基于技术调整的生产者负责原则下的碳排放高于基于生产者负责原则下的碳排放，这表明美国进口促进了全球碳排放的增长。以中国为代表的发展中国家，为生产供应美国消费的产品产生了大量的二氧化碳。中国基于生产者负责原则、基于技术调整的生产者负责原则和基于技术调整的消费者负责原则对应的碳排放相近，但高于基于消费者负责原则对应的碳排放。中国作为全球最大的隐含碳排放出口国，基于消费者负责原则的碳排放明显低于基于生产者负责原则的碳排放。此外，中国的碳排放强度高于世界平均水平，因此中

国基于技术调整的消费者负责原则下的碳排放要高于基于消费者负责原则下的碳排放。最后，中国进口产品的碳排放强度与世界碳排放强度平均水平相近，因此当生产者负责原则转变为基于技术调整的生产者负责原则时，中国碳排放责任变化不大。卢森堡作为欧盟国家，其碳排放强度远低于世界平均水平，所以在基于技术调整的消费者负责原则下卢森堡的碳排放责任甚至为负值。本章进一步计算了基于四种不同的碳排放核算原则下，各个国家或地区对应的碳排放量。计算结果如表 6.1 所示。

表 6.1　2009 年四种核算方法下二氧化碳排放量　　单位：亿吨

国家或地区	PBA	CBA	TPBA	TCBA
中国	66 957.6	56 513.2	66 432.6	65 038.4
美国	50 254.3	56 698.2	51 439.2	55 839.8
印度	16 427.2	15 949.3	16 854.0	17 328.0
俄罗斯	15 982.9	12 237.2	15 900.5	15 403.2
日本	11 019.3	12 704.5	11 733.6	11 774.5
德国	8 166.3	9 580.6	7 866.6	6 252.5
韩国	5 840.6	4 987.2	6 003.4	5 261.5
英国	5 586.3	6 588.2	5 261.9	5 807.1
加拿大	5 288.9	5 546.9	5 411.8	5 283.1
墨西哥	4 266.8	4 505.4	4 283.3	4 281.0
意大利	4 247.7	5 446.1	4 047.3	4 239.9
澳大利亚	4 054.7	4 535.5	4 277.7	4 277.4
印度尼西亚	3 928.5	3 804.8	4 074.6	4 009.6
法国	3 856.8	5 474.4	3 499.0	3 750.1
巴西	3 227.3	3 704.6	3 273.7	3 380.3
波兰	3 168.8	2 915.0	3 093.3	3 010.5
中国台湾	3 137.4	2 108.6	3 172.8	2 585.5
西班牙	2 999.9	3 707.5	2 717.8	3 030.6
土耳其	2 964.4	3 153.2	2 941.7	3 093.4
荷兰	2 047.0	2 101.0	1 944.3	1 095.8
比利时	1 206.3	1 455.9	1 027.4	516.3
希腊	1 100.3	1 390.7	1 071.6	1 172.3
捷克	1 085.9	973.4	1 032.0	820.6
罗马尼亚	914.4	960.8	864.9	950.7

续表

国家或地区	PBA	CBA	TPBA	TCBA
丹麦	865.6	638.4	795.7	360.0
奥地利	642.0	946.2	524.2	398.1
芬兰	618.0	699.7	603.8	532.5
葡萄牙	613.2	710.3	493.8	568.9
瑞典	578.5	814.7	475.5	315.0
匈牙利	529.9	576.1	490.6	398.0
保加利亚	465.2	376.0	465.6	440.4
爱尔兰	425.6	589.3	374.6	26.9
斯洛伐克	360.3	370.8	357.5	304.8
斯洛文尼亚	176.7	205.2	160.9	141.2
爱沙尼亚	155.8	123.5	155.1	142.1
立陶宛	148.3	193.9	168.1	161.6
拉脱维亚	83.5	108.9	86.2	93.7
塞浦路斯	83.3	112.9	80.2	103.9
卢森堡	48.1	79.7	19.8	−62.5
马耳他	28.4	35.6	24.0	23.7
其他地区	54 941.8	54 870.0	54 992.9	56 342.7
加总	288 493.3	288 493.3	288 493.3	288 493.3

从全球角度来看，四种碳排放核算体系对应的碳排放总量相等。但是从区域角度来看，中国、美国和印度一直是碳排放责任最高的三个国家。在生产者负责原则、基于基数调整的生产者负责原则和基于技术调整的消费者负责原则下，俄罗斯的减排责任排名第四，其次为日本和德国。然而，在消费者负责原则下，日本的碳减排责任高于俄罗斯。碳排放强度较高的发展中国家，如中国、印度和俄罗斯，在消费者负责原则下的碳减排责任均低于其他三种核算原则下的碳减排责任。美国、日本和德国等发达地区的情况正好相反。基于技术调整的消费者负责原则降低了欧盟国家的碳减排责任。例如，爱尔兰的碳减排责任从生产者负责下的 425.6 亿吨下降到基于技术调整的消费者负责原则下的 26.9 亿吨。中国、印度、日本、加拿大、墨西哥和澳大利亚等几个国家的碳排放责任在基于技术调整的生产者负责原则和基于技术调整的消费者负责原则下是相似的。

本章进一步分析了 2009 年基于技术调整的生产者负责原则背景下的区域碳减排责任。人均二氧化碳排放量是比区域二氧化碳排放量更准确、更有用的碳排放责任信息。澳大利亚的人均排放量最高（人均二氧化碳排放量为 19.72 吨），其次是美国和加拿大。印度人均排放量最低（人均二氧化碳排放量为 1.39 吨），其次是巴西和印度尼西亚。从净额和人均角度来看，区域责任之间存在显著差异。中国拥有最大的绝对二氧化碳排放量，但因为人口众多，中国的人均二氧化碳仅为 4.99 吨。虽然高于世界人均 4.256 吨二氧化碳的平均水平，但明显低于大多数地区。

第四节　本章小结

在国际贸易隐含碳排放占全球碳排放总量比重很大的背景下，Kander 等（2015）提出了一项基于技术调整的碳排放核算方法，以鼓励促进全球碳节约的贸易模式。本章认为中间投入结构也与出口生产技术密切相关，进而提出了新的基于技术调整的碳排放核算体系。基于本章提出的碳排放核算体系，本章重新刻画了不同国家碳减排责任差异性。在基于基数调整的生产者负责原则和基于技术调整的消费者负责原则下，欧盟的碳减排责任会降低，而美国的碳减排责任没有明显变化。在生产者负责原则、基于技术调整的消费者负责原则和基于技术调整的生产者负责原则下，中国的碳减排责任几乎相同。

本章仍然存在着一定的局限性。首先，同一部门内部企业可能具有不同的生产技术水平，但本章假设每个部门的生产技术水平是同质的；其次，基于技术调整的碳排放核算方法假设贸易品可以采用世界平均生产技术水平进行生产，并没有考虑不同地区资源禀赋的异质性；最后，区域碳减排责任确定包括自上而下和自下而上两类核算方法。前者通过确切的规则来确定国家间的碳排放，如《京都议定书》规定的生产者负责原则，而后者允许国家自己划定减排目标，如《巴黎协定》。近年来，自上而下的环境核算较为常见，但也暴露出了不少缺陷。2015 年，联合国气候变化会议上，自下而上的核算方法逐渐占据了优势。气候变化核算正从以自上而下为中心和以国家为中心向以自下而上为中心和多中心转变。本章研究的碳减排责任分析框架，仍然属于自上而下核算方法的研究范畴，未来研究可以进一步向自下而上核算方法拓展。

第七章　产业分工对于碳核算原则实施效果的影响

区域碳排放核算原则之间的主要区别在于贸易相关的碳排放该由谁来负责。例如，消费者负责原则认为贸易隐含排放的减排责任应该由生产地转移到消费地。然而，生产分工导致生产地和最终消费地在产业链上可能并没有直接联系，在不同的碳核算方案之间转换可能会变得越来越具有挑战性。已有多项研究比较了不同碳核算框架下的各国碳减排责任的差异性，但定量评估在不同的区域碳核算原则之间进行转换的难度的文献较少。本章的目的是揭示全球产业分工对不同碳排放核算原则之间转换的影响。作者认为，不同的碳核算原则之间的转换不仅与贸易隐含排放的规模有关，而且与国际贸易隐含排放的跨境次数有关系。日益分散的生产网络不仅使得从生产者负责原则到消费者和收入者负责原则的转变更加复杂，并且降低了消费者和收入者负责原则的有效性。

第一节　不同碳核算原则之间的转换

生产者负责原则是最常用的区域碳排放核算原则（Marques et al.，2012）。为了区分生产者和消费者的减排责任，有文献进一步提出了用于衡量由区域最终消费引起排放的消费者负责原则（Afionis et al.，2017；Davis and Caldeira，2010；Druckman and Jackson，2009；Feng et al.，2013；Guo et al.，2012；Hertwich and Peters，2009；Liu，2014；Peters，2008；Peters et al.，2011；Su and Ang，2011；Weber et al.，2008）和用于衡量由区域要素投入驱动的排放量的收入者负责原则（Lenzen and Murray，2010；Liang et al.，2016，2017；Marques et al.，2012）。从生产者负责原则向消费者负责原则和收入者负责原则转变，关键在于在全球供应链上重新分配碳责任。然而，20 世纪 90 年代以来，生产过程在各个国家之间越来越分散，产业分工导致要素投入供应商、碳排放者和最终消费者之间的地理隔离越来越明显。行政管辖的地域边界导致不同的碳核算方案之间转换可能会变得越来越具有挑战性（Turner et al.，2011）。本章尝试揭示全球产业分工对不同碳减排责任之间转换难度的影响。

在全球价值链中重新分配各国的碳排放责任受哪些因素影响呢？我们用一个简单的例子说明这个问题。能否将石头扔向河对岸不仅取决于石头的重量，还取决于河的宽度。河流的两侧可以看作是碳排放地和商品最终消费地（或者要素供应地），石头代表着重新分配的碳减排责任。与贸易有关的排放量可能非常庞大，这可以导致一国拒绝承担为满足本国需求而在其他国家产生的碳排放责任。同时，由于空间生产的分散性，供应商、生产商和消费者地区在全球供应链中的位置中可能相距遥远，因此生产地很难将碳排放责任重新分配给消费地。河流的宽度代表了全球供应链中两国之间的经济距离。现有文献的关注点在贸易隐含排放量的规模（Davis et al.，2011；Davis and Caldeira，2010；Hertwich and Peters，2009；Jakob and Marschinski，2013；Peters et al.，2011；Weber and Matthews，2007；Zhang et al.，2014），而忽视了产业分工对于不同碳减排责任之间转换的影响。

现有研究（Antràs et al.，2012；Dietzenbacher et al.，2005；Dietzenbacher and Romero，2007；Fally，2012b；Wang et al.，2017）主要采用 Dietzenbacher 等（2005）提出的平均生产长度来评估一国或地区在全球中的相对位置。平均生产长度衡量一个部门影响另一个部门生产的平均步长数（Dietzenbacher et al.，2005）。但是，Oosterhaven 和 Bouwmeester（2013）认为平均生产长度不能用于不同经济体之间的比较。本节主要以参与全球生产链的国家数量作为评估国家或地区之间的经济距离的指标，然而平均生产长度不能满足需求，为了解决这个问题，本节使用第五章提出的贸易隐含排放的平均跨境次数来评估不同主体之间的经济距离。

贸易隐含排放的平均跨境次数越大就意味着重新分配的碳排放责任过程涉及的国家或地区数目越多。随着越来越多的国家参与产业分工，贸易数据的质量和可用性越来越无法得到保证（Afionis et al.，2017），这将导致结果极大的不确定性，并阻碍从生产者负责原则向消费者负责原则和收入者负责原则的转变（Peters，2008；Peters and Hertwich，2008a）。此外，产业链上个别国家的不合作都会阻碍碳排放责任重新分配。换句话说，贸易隐含排放的平均跨境次数越大就意味着要素供应者、生产商和消费者地区在全球供应链中彼此之间的距离更远，并且更难进行不同碳排放核算原则之间的转换。现有研究已经注意到要素供应者、生产商和消费者地区之间的地理隔离（Marques et al.，2013）。全面了解全球供应链中的碳排放，对于决策者确定区域碳责任显得越来越重要。这项研究的政策含义在于为全球产业分工背景下理解区域碳减排责任分解提供一个新的视角。

本章基于前人对不同国家碳核算方法之间的关系和差异的论述进行研究。根据谁对贸易隐含排放（即生产者、消费者、开采者或收入者）负责的原则，主要有四种类型的核算框架（Steininger et al.，2016）。消费者负责原则等于生产者负责原则加上隐含在进口中的国外碳排放减去隐含在出口中的本国碳排放（Afionis et al.，2017；Arce et al.，2016；Davis et al.，2011；Peters and Hertwich，2008b；Su and Ang，2014）。收入者负责原则等于生产者负责原则加上出口驱动的下游国家排放减去进口驱动的本国下游排放（Liang et al.，2016，2017；Marques et al.，2012）。开采者负责原则与生产者负责原则的区别在于如何分配与贸易燃料相关的碳排放（Steininger et al，2016）。但是，燃料生产过程在空间上相对分散，因此本书主要侧重于从生产者负责原则向消费者负责原则和收入者负责原则转换。本章内容有助于更好地理解如何确定在全球供应链上不同地区的碳减排责任（Gallego and Lenzen，2005；Lenzen et al.，2007）。

第二节　基于高斯模型的碳转移路径长度分析框架

本章基于多区域投入产出模型，给出基于里昂惕夫模型和高斯模型的贸易隐含排放对应跨境次数测算方法。世界是由 M 个国家组成，各国又由 N 个部门组成。国家 s 的最终产出由 $\boldsymbol{x}^s$ 表示，而 $\hat{\boldsymbol{x}}^s$ 为 $\boldsymbol{x}^s$ 的对角矩阵， $s=1,2,\cdots,M$ 。 $\boldsymbol{A}^{sr}$ 为投入产出系数矩阵，$r=1,2,\cdots,M$ 。国家 s 对国家 r 的中间投入矩阵由 $\boldsymbol{A}^{sr}\boldsymbol{X}^s$ 表示。 $\boldsymbol{y}^{sr}$ 为从国家 s 到国家 r 的最终品投入。国家 s 的增加值为 $\boldsymbol{v}^s$ ，国家 s 的碳排放为 $\boldsymbol{e}^s$ 。本书将 $\boldsymbol{F}$ 定义为一个 $MN\times MN$ 的对角矩阵，矩阵的对角元素为各国各部门的碳排放强度。基于里昂惕夫模型和高斯模型，本章认为 $\bar{\boldsymbol{E}}$ 为由不同国家的最终需求引起的排放； $\tilde{\boldsymbol{E}}$ 为由不同国家的初始要素投入所驱动的碳排放。

$$\bar{\boldsymbol{E}}=\boldsymbol{F}(\boldsymbol{I}-\boldsymbol{A})^{-1}\hat{\boldsymbol{Y}} \tag{7.1}$$

$$\tilde{\boldsymbol{E}}=\boldsymbol{F}(\boldsymbol{I}-\boldsymbol{H}')^{-1}\hat{\boldsymbol{V}} \tag{7.2}$$

其中， $\boldsymbol{A}=\begin{bmatrix}\boldsymbol{A}^{11} & \boldsymbol{A}^{12} & \cdots & \boldsymbol{A}^{1M}\\ \boldsymbol{A}^{21} & \boldsymbol{A}^{22} & \cdots & \boldsymbol{A}^{2M}\\ \vdots & \vdots & & \vdots\\ \boldsymbol{A}^{M1} & \boldsymbol{A}^{M2} & \cdots & \boldsymbol{A}^{MM}\end{bmatrix}$ 为一个 $MN\times MN$ 的投入产出系数矩阵；

$\boldsymbol{H}=\begin{bmatrix}\boldsymbol{H}^{11} & \boldsymbol{H}^{12} & \cdots & \boldsymbol{H}^{1M}\\ \boldsymbol{H}^{21} & \boldsymbol{H}^{22} & \cdots & \boldsymbol{H}^{2M}\\ \vdots & \vdots & & \vdots\\ \boldsymbol{H}^{M1} & \boldsymbol{H}^{M2} & \cdots & \boldsymbol{H}^{MM}\end{bmatrix}$ 为一个 $MN\times MN$ 的直接分配系数矩阵，其元素满足

$h_{ij}=z_{ij}/x_i$ 的关系； $\hat{\boldsymbol{Y}}=\begin{bmatrix}\hat{\boldsymbol{y}}^{11} & \hat{\boldsymbol{y}}^{12} & \cdots & \hat{\boldsymbol{y}}^{1M}\\ \hat{\boldsymbol{y}}^{21} & \hat{\boldsymbol{y}}^{22} & \cdots & \hat{\boldsymbol{y}}^{2M}\\ \vdots & \vdots & & \vdots\\ \hat{\boldsymbol{y}}^{M1} & \hat{\boldsymbol{y}}^{M2} & \cdots & \hat{\boldsymbol{y}}^{MM}\end{bmatrix}$ ； $\hat{\boldsymbol{V}}=\begin{bmatrix}\hat{\boldsymbol{v}}^{1} & \boldsymbol{0} & \cdots & \boldsymbol{0}\\ \boldsymbol{0} & \hat{\boldsymbol{v}}^{2} & \cdots & \boldsymbol{0}\\ \vdots & \vdots & & \vdots\\ \boldsymbol{0} & \boldsymbol{0} & \cdots & \hat{\boldsymbol{v}}^{M}\end{bmatrix}$ 为一个 $MN\times MN$ 的对角矩阵，元素为各国各部门的增加值。从横向角度看 $\bar{\boldsymbol{E}}$ ，我们得到由其他国家的最终需求引起的生产侧的碳排放；从纵向角度看 $\bar{\boldsymbol{E}}$ ，我们可以得到由某一国家的最终需求引起的消费侧的碳排放。从横向角度看 $\tilde{\boldsymbol{E}}$ ，我们得到由每个国家的增加值驱动的生产侧的碳排放；从纵向角度看 $\tilde{\boldsymbol{E}}$ ，我们可以得到由每个国家的增加值驱动的收入侧的碳排放。

本书将各国的排放分解为两部分。第一部分为纯国内活动引起的，第二部分则为在国际贸易中体现的排放。

$$\bar{\boldsymbol{E}} = \boldsymbol{F}\boldsymbol{L}^D\hat{\boldsymbol{Y}}^D + \boldsymbol{F}\boldsymbol{L}^D\hat{\boldsymbol{Y}}^E + \boldsymbol{F}\boldsymbol{L}^D\boldsymbol{A}^E\boldsymbol{B}\hat{\boldsymbol{Y}} \tag{7.3}$$

$$\tilde{\boldsymbol{E}} = \boldsymbol{F}\boldsymbol{G}^D\hat{\boldsymbol{V}} + \boldsymbol{F}\boldsymbol{G}^D\boldsymbol{H}^E\boldsymbol{G}\hat{\boldsymbol{V}} \tag{7.4}$$

其中，$\boldsymbol{L}^D = \begin{bmatrix} \boldsymbol{L}^{11} & \boldsymbol{0} & \cdots & \boldsymbol{0} \\ \boldsymbol{0} & \boldsymbol{L}^{22} & \cdots & \boldsymbol{0} \\ \vdots & \vdots & & \vdots \\ \boldsymbol{0} & \boldsymbol{0} & \cdots & \boldsymbol{L}^{MM} \end{bmatrix}$；$\boldsymbol{L}^{ss} = (\boldsymbol{I} - \boldsymbol{A}^{ss})^{-1}$ 为地区 s 当地的里昂惕夫逆矩阵；$\hat{\boldsymbol{Y}}^D = \begin{bmatrix} \hat{\boldsymbol{y}}^{11} & \boldsymbol{0} & \cdots & \boldsymbol{0} \\ \boldsymbol{0} & \hat{\boldsymbol{y}}^{22} & \cdots & \boldsymbol{0} \\ \vdots & \vdots & & \vdots \\ \boldsymbol{0} & \boldsymbol{0} & \cdots & \hat{\boldsymbol{y}}^{MM} \end{bmatrix}$为用于满足国内最终需求的最终产出；$\hat{\boldsymbol{Y}}^E = \hat{\boldsymbol{Y}} - \hat{\boldsymbol{Y}}^D = \begin{bmatrix} \boldsymbol{0} & \hat{\boldsymbol{y}}^{12} & \cdots & \hat{\boldsymbol{y}}^{1M} \\ \hat{\boldsymbol{y}}^{21} & \boldsymbol{0} & \cdots & \hat{\boldsymbol{y}}^{2M} \\ \vdots & \vdots & & \vdots \\ \hat{\boldsymbol{y}}^{M1} & \hat{\boldsymbol{y}}^{M2} & \cdots & \boldsymbol{0} \end{bmatrix}$为最终产品出口；$\boldsymbol{B} = (\boldsymbol{I} - \boldsymbol{A})^{-1}$ 为里昂惕夫逆矩阵；$\boldsymbol{A}^E\boldsymbol{B}\hat{\boldsymbol{Y}}$ 为中间产品出口；$\boldsymbol{T}_{ex} = \boldsymbol{Y}^E + \boldsymbol{A}^E\boldsymbol{B}\hat{\boldsymbol{Y}}$ 为国际贸易。$\boldsymbol{B}$ 和 $\boldsymbol{L}^D$ 的关系满足 $\boldsymbol{B} = \boldsymbol{L}^D + \boldsymbol{L}^D\boldsymbol{A}^E\boldsymbol{B}$，其中 $\boldsymbol{A}^E = \begin{bmatrix} \boldsymbol{0} & \boldsymbol{A}^{12} & \cdots & \boldsymbol{A}^{1M} \\ \boldsymbol{A}^{21} & \boldsymbol{0} & \cdots & \boldsymbol{A}^{2M} \\ \vdots & \vdots & & \vdots \\ \boldsymbol{A}^{M1} & \boldsymbol{A}^{M2} & \cdots & \boldsymbol{0} \end{bmatrix}$。式（7.3）的第二项和第三项代表各国隐含在国际贸易中的碳排放。$\boldsymbol{G} = (\boldsymbol{I} - \boldsymbol{H}')^{-1}$ 为单位增加值变化导致的部门产出变化。我们定义 $\boldsymbol{G}^{ss} = (\boldsymbol{I} - \boldsymbol{H}^{ss'})^{-1}$ 和 $\boldsymbol{G}^D = \begin{bmatrix} \boldsymbol{G}^{11} & \boldsymbol{0} & \cdots & \boldsymbol{0} \\ \boldsymbol{0} & \boldsymbol{G}^{22} & \cdots & \boldsymbol{0} \\ \vdots & \vdots & & \vdots \\ \boldsymbol{0} & \boldsymbol{0} & \cdots & \boldsymbol{G}^{MM} \end{bmatrix}$。$\boldsymbol{G}$ 和 $\boldsymbol{G}^D$ 的关系满足 $\boldsymbol{G} = \boldsymbol{G}^D + \boldsymbol{G}^D\boldsymbol{H}^E\boldsymbol{G}$，其中 $\boldsymbol{H}^E = \begin{bmatrix} \boldsymbol{0} & \boldsymbol{H}^{12} & \cdots & \boldsymbol{H}^{1M} \\ \boldsymbol{H}^{21} & \boldsymbol{0} & \cdots & \boldsymbol{H}^{2M} \\ \vdots & \vdots & & \vdots \\ \boldsymbol{H}^{M1} & \boldsymbol{H}^{M2} & \cdots & \boldsymbol{0} \end{bmatrix}$。此外，$\boldsymbol{T}_{im} = \boldsymbol{H}^E\boldsymbol{G}\hat{\boldsymbol{V}}$ 为中间品出口。式（7.4）的第二项代表各国由国际进口驱动的排放量。由于中间产品可能会多次跨越国界，因此，本书基于排放的跨境次数进一步分解了各国的碳排放：

$$\bar{E} = \underbrace{FL^D\hat{Y}^D}_{\text{BCF=0}} + \underbrace{FL^D Z\hat{Y}^D + FL^D\hat{Y}^E}_{\text{BCF=1}} + \underbrace{FL^D Z^2\hat{Y}^D + FL^D Z\hat{Y}^E}_{\text{BCF=2}} + \underbrace{FL^D Z^3\hat{Y}^D + FL^D Z^2\hat{Y}^E}_{\text{BCF=3}} + \cdots \tag{7.5}$$

$$\tilde{E} = \underbrace{FG^D\hat{V}}_{\text{BCF=0}} + \underbrace{FG^D W\hat{V}}_{\text{BCF=1}} + \underbrace{FG^D W^2\hat{V}}_{\text{BCF=2}} + \underbrace{FG^D W^3\hat{V}}_{\text{BCF=3}} + \cdots \tag{7.6}$$

其中，$Z = A^E L^D$，并满足$B = L^D(I - Z)^{-1}$；$FL^D Y^E$为隐含在最终品贸易中仅跨境一次的碳排放；$FL^D(Z)^t Y^D$和$FL^D(Z)^t Y^E$为隐含在中间品贸易中的碳排放，且中间品贸易跨境t次；$W = H^E G^D$；$G = G^D(I - W)^{-1}$；$FG^D W^t\hat{V}$为跨境t次的国际进口引起的碳排放。

在众多的跨境贸易流中，哪种贸易会在双边贸易中起主要作用？本章基于结构路径分析从区域角度分析回答该问题。以里昂惕夫模型为例，本章认为$L_s^D = \begin{bmatrix} p^1 L^{11} & 0 & \cdots & 0 \\ 0 & p^2 L^{22} & \cdots & 0 \\ \vdots & \vdots & & \vdots \\ 0 & 0 & \cdots & p^M L^{MM} \end{bmatrix}$，$Y_s^D = \begin{bmatrix} p^1 \hat{y}^{11} & 0 & \cdots & 0 \\ 0 & p^2 \hat{y}^{22} & \cdots & 0 \\ \vdots & \vdots & & \vdots \\ 0 & 0 & \cdots & p^M \hat{y}^{MM} \end{bmatrix}$（如果$m = s$，$p^m = I$；否则$p^m = 0$），$Z_{sr} = \begin{bmatrix} 0 & h^{12}A^{12}L^{22} & \cdots & h^{1M}A^{1M}L^{MM} \\ h^{21}A^{21}L^{11} & 0 & \cdots & h^{2M}A^{2M}L^{MM} \\ \vdots & \vdots & & \vdots \\ h^{M1}A^{M1}L^{11} & h^{M2}A^{M2}L^{22} & \cdots & 0 \end{bmatrix}$，$Y_{sr}^E = \begin{bmatrix} 0 & h^{12}\hat{y}^{12} & \cdots & h^{1M}\hat{y}^{1M} \\ h^{21}\hat{y}^{21} & 0 & \cdots & h^{2M}\hat{y}^{2M} \\ \vdots & \vdots & & \vdots \\ h^{M1}\hat{y}^{M1} & h^{M2}\hat{y}^{M2} & \cdots & 0 \end{bmatrix}$（如果$m = s$，$n = r$，$h^{mn} = I$；否则，$h^{mn} = 0$）。$FL_s^D Z_{sr} Y_r^D + FL_s^D Y_{sr}^E$为从国家$s$直接转移到国家$r$的碳排放；国家$s$出口的产品可能先被$t$国加工，然后再被国家$r$吸收。相应的碳排放转移路径为$FL_s^D Z_{st} Z_{tr} Y_r^D + FL_s^D Z_{st} Y_{tr}^E$。类似地，我们可以得到从$s$国到$r$国的所有的碳排放转移路径。尽管有无数的结构路径，但是随着碳排放转移传输路径长度的增加，隐含碳排放的规模将会变小。因此，可以寻找到主要的关键路径。将所有的结构路径的碳排放加总就可以得到从s国到r国的碳排放转移数量。同理，基于高斯模型，我们可以分析初始要素投入驱动碳排放的关键路径。区域间碳排放转移的平均路径长度为

$$\text{AL\_L} = \frac{FBT_{ex}}{FL^D T_{ex}} \tag{7.7}$$

$$\text{AL\_G} = \frac{FGT_{im}}{FG^D T_{im}} \tag{7.8}$$

本章的研究主要基于 WIOD。WIOD 将世界划分为 41 个国家和地区，每个国家和地区有 35 个部门。WIOD 仅提供 1995～2009 年各国各行业的碳排放量。因此，本章主要侧重于 1995～2009 年全球产业分工对区域碳排放责任分解的影响。

第三节　产业分工对于碳核算原则实施效果影响

本节先比较了在三种碳排放核算原则下的各国的碳减排责任。从生产者负责原则向消费者负责原则和收入者负责原则核算方法的转变意味着区域碳排放责任的重新分配，这可以通过碳转移量和跨境次数来解释。这项研究表明，在 1995～2009 年，区域碎片化生产使碳排放责任的转变更具挑战性，这表明区域碎片化生产降低了消费者负责原则和收入者负责原则的有效性。根据式（7.1）和式（7.2），我们计算了在生产者负责、消费者负责和收入者负责三种核算原则下各国碳减排责任。

在生产者负责核算方式下，中国是世界上最大的碳排放地区，承担着最大的碳减排责任，其次是美国和欧盟。但是，中国产生的排放量中有很大一部分是为满足发达国家和地区的消费需求而产生的。因此，消费者负责原则将更多的碳排放责任归因于美国、欧盟和日本等发达国家和地区，并降低中国、印度和俄罗斯等发展中国家的碳排放责任。生产者负责和消费者负责原则之间的区别是如何分配国际贸易隐含的碳排放责任。发展中国家和经济转型国家，如中国、俄罗斯和印度，往往是隐含碳排放净出口国（出口的隐含排放量大于进口的隐含排放量）。因此，消费者负责原则下发展中国家的碳排放量要低于生产者负责原则下碳减排责任。相比之下，美国和欧盟等国家和地区往往是碳净进口国，并且在消费者负责原则下需要承担更多的碳减排责任。

生产者负责原则和收入者负责原则之间的区别在于国际贸易驱动的碳排放对应的减排责任如何分配。结果表明，资源出口国的出口所驱动的碳排放规模更大。例如，俄罗斯、加拿大和澳大利亚是重要的原材料供应国，这些原材料出口到其他国家，用作工业生产的重要投入。因此，与生产者负责原则相比，这三个国家在收入者负责原则下将承担更大的碳减排责任。中国不仅进口大量的原材料，而且从日本和欧盟等发达国家和地区进口大量中间产品。因此，与生产者负责原则相比，在收入者负责原则下日本和欧盟面临更大的碳排放责任。此外，当核算方式从生产者负责原则转变为收入者负责原则时，中国承担的碳排放责任将明显下降，而美国的碳排放责任无明显变化。

2009 年，隐含在跨境贸易中的总排放量为 63.2 亿吨。中国是最大的碳出口国（15.1 亿吨），这主要是由美国、欧盟和日本的最终需求引起的。我们进一步根据隐含排放跨境次数对不同类型的碳转移进行分类。结果表明，跨境一次的区域间碳转移为 74.98%，跨境两次的区域间碳转移为 18.99%，跨境三次的区域间碳转移为 4.58%，跨境为四次或更多的区域间碳转移为 1.45%。2019 年，价值链中跨境贸易驱动的排放总量为 42.7 亿吨，小于隐含排放量（63.2 亿吨）。中国对应最大的进口驱动的碳排放量（9.5 亿吨），这是由其他地区（如美国和欧盟）的初始要素投入推动的。结果表明，跨境一次的增值推动了 80.40%的驱动碳排放，跨境两次的增值推动了 15.33%的驱动碳排放，跨境三次的增值推动了 3.29%的驱动碳排放。

图 7.1 显示了 1995～2009 年全球碳转移平均长度的变化趋势，以及部分国家和部门碳排放转移的平均长度的变化趋势。这些特殊的地区和部门是与贸易有关碳排放规模前五名的国家及前十名的部门。一国或者部门的碳排放转移的平均长度越长，意味着取代它的碳排放责任越困难。

结果表明，贸易隐含碳排放跨境次数要高于贸易驱动碳排放的跨境次数。碳排放密集型的行业，如电力生产部门，往往位于生产链的上游。换句话说，碳排放者更加靠近原材料供应者而不是最终消费者。因此，贸易隐含碳排放跨境次数要高于贸易驱动碳排放的跨境次数。随着全球生产碎片化生产的发展，在 1995～2008 年，平均碳排放转移长度总体呈上升趋势。我们可以得出结论，全球产业分工意味着从生产者负责原则向消费者负责原则和收入者负责原则的转变变得越来越困难。与 2008 年相比，2009 年所有产品的世界贸易量下降了 21.74%。世界中间品和原材料贸易分别下降了 24.28%和 30.94%。因此，2008 年的金融危机对碳转移路径长度也产生了重大的负面影响。

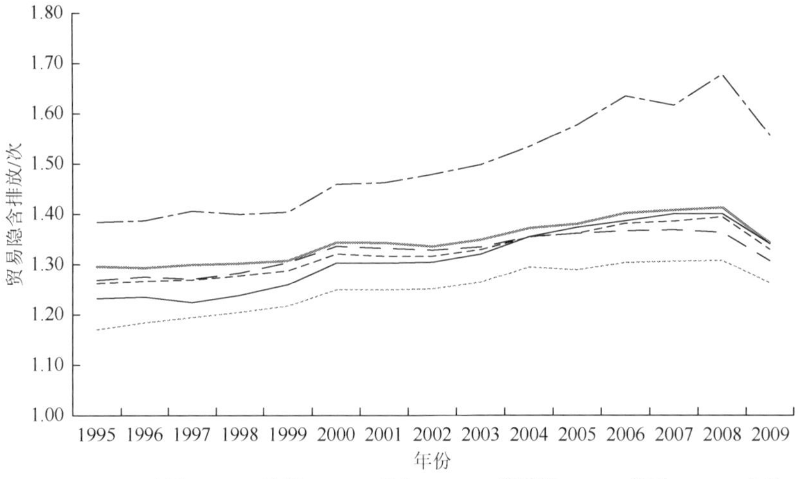

(a) 基于里昂惕夫模型区域层面贸易隐含排放

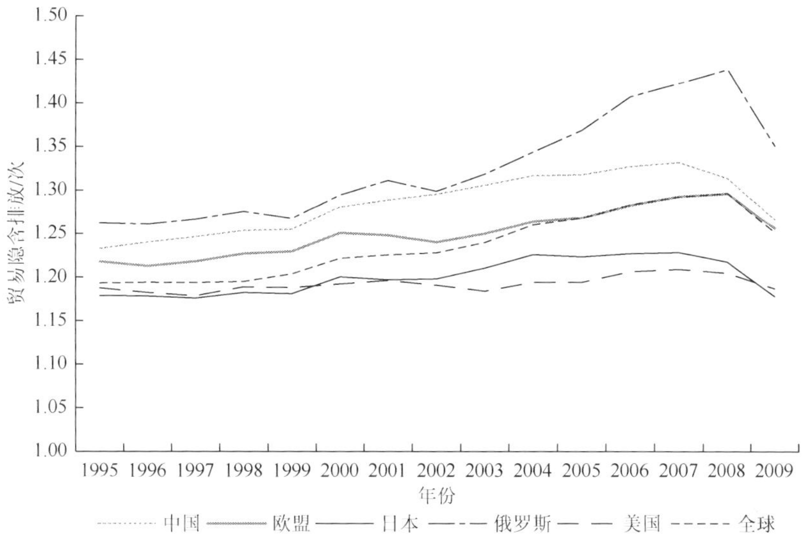

(b) 基于高斯模型区域层面贸易隐含排放

图 7.1　世界平均碳排放转移长度的演变

俄罗斯是一个原材料供应国，其原材料可能会在最终被消费国吸收之前由不同国家进行加工。因此，俄罗斯出口隐含碳排放的跨境次数非常大。中国位于全球生产链的下游，并且直接出口了大量产品以满足其他国家的最终需求。因此，中国出口隐含碳排放的跨境次数很小。墨西哥和加拿大的原材料供给使美国产生了大规模的碳排放。这三个国家之间的紧密经济联系决定了美国的贸易驱动碳排放的跨境次数较小。同样，日本的排放也主要来自原材料进口。俄罗斯和中国的排放量主要是由发达国家的中间投入引起的，因此这两个国家贸易驱动碳排放的跨境次数也较大。在部门水平上，平均碳排放转移长度存在显著差异。部门 C12 的平均出口隐含碳排放跨境次数最大，这是因为金属产品被广泛用作中间投入品，以支持工业产品的生产。对于部门 C25 和部门 C11，生产过程相对简单，因此这些部门的平均 AL_L 较小。C8 行业（焦炭、精炼石油和核燃料）对应的贸易驱动碳排放的跨境次数是最小的，这是因为煤炭和原油在 C8 部门的生产中占有很大份额。煤炭和原油的生产地点与区域资源禀赋密切相关，生产过程很少被分散化。在 1995～2008 年，大多数行业的平均碳转移路径长度呈现增长趋势。这种现象反映出产品的不同阶段逐渐分散在不同地区，这使得在全球供应链中转移碳排放责任变得越来越困难。

由于各国之间政治、经济和文化的国际差异，最终消费者（原材料供应商）对碳排放者的影响力可能会随着隐含（驱动）排放的跨境次数呈指数下降。换句话说，空间生产的分散化会降低消费者负责原则和收入者负责原则的有效性。在生产者负责核算方式下，如果某个地区的产出量减少，则该地区的排放量将成比例地减少。但是，一国最终需求的减少对该地区最终需求引起的排放量的影响是不成比例的。一种解释是国际贸易替代，这意味着碳排放国可能会增加产出用于满足其他地区最终需求。同样，随着全球产业分工的不断深化，原材料供应商对驱动排放量的影响力也将降低。

第四节 本章小结

随着全球产业分工的不断深化，本章认为碳排放核算原则从传统的生产者负责原则向消费者负责原则和收入者负责原则转变的难度正在变得越来越大。本章将区域间碳转移路径长度分析从前文的里昂惕夫模型拓展到了高斯模型，进而分析了全球产业分工对于不同碳排放核算原则之间转换难度的影响。本章研究结论为分析碳减排责任在全球产业链分解提供了一个新的视角，政策制定者不能仅关注于产业链的两端，同时要关注产业链的中心环节。政策制定者在认识到消费者负责原则和收入者负责原则优势的同时，也要意识到全球产业分工背景下这两种核算方法面临的挑战。

本章研究内容同样存在一定的局限性。首先，本章采用投入产出表的区域划分和部门细分可能并不是非常详细，从而影响计算的结果。建议之后的研究能够采用更加详细的投入产出表，以充分刻画全球产业分工的特征。其次，投入产出模型采用的同质性假设导致无法刻画不同类型企业生产技术的差异性。比如，外资企业的生产技术较全国平均水平更加清洁。建议之后的研究能够进一步考虑企业异质性问题对计算结果的影响。

第八章　产业分工背景下外商直接投资隐含碳排放

全球产业分工体系中跨国企业扮演着重要的角色。跨国企业通过投资将生产环节转移到其他国家，无形中影响着被投资地碳排放量的增长。在企业逐渐成为碳减排行动的关键主体的背景下，本章测算了外资企业在国外子公司的供应链隐含碳排放。研究发现，外商直接投资隐含碳排放量在 2011 年已经达到拐点，其中碳排放强度下降是导致外商直接投资隐含碳排放量下降的主要驱动因素。虽然在发达国家之间投资隐含碳排放量呈现下降趋势，但是中国对外投资隐含碳排放量呈现上升趋势。由于外资企业往往对全球产业链具有更大的影响力，因此本书提出了基于投资的碳排放核算原则。在该核算原则下，投资地需要对其跨国子公司对应的碳排放足迹负责。基于投资的碳排放核算原则对于制定更加具有针对性碳减排政策和行动具有重要意义，尤其是本章发现部分大型跨国企业在投资隐含的碳转移中扮演着非常重要的角色，这些跨国企业的母国作为投资者需要承担更多的碳减排责任。

第一节　跨国企业在应对气候变化行动中扮演重要角色

2015 年，《巴黎协定》确定了把全球平均气温较工业化前水平升高控制在 2 摄氏度之内的目标。但是，当前各个国家和企业承诺的减排量并不能够实现《巴黎协定》确定的减排目标（Peters et al.，2015；King and van den Bergh，2019；Kuramochi et al.，2019）。应对全球气候变化需要政府、企业和投资人更加积极主动地采取气候应对行动。跨国企业在该过程中扮演着非常关键的角色（López et al.，2019；Comyns，2018；Kolk and Pinkse，2007）。比如，虽然美国总统特朗普在 2017 年宣布退出《巴黎协定》，仍然有数千家美国企业宣布会继续支持减排行动，以达到《巴黎协定》制定的减排目标。跨国企业具有广阔的经营范围，而且不同子公司之间的减排行动会相互影响。应对气候变化需要技术创新，而跨国企业具有研发和使用节能减排技术的能力（Narula and Zanfei，2006；McKinsey Global Institute，2010）。在 2018 年，全球前 100 的跨国企业的研发投入占到了全球研发投入的 1/3。在此基础上，准确测算碳足迹是采取碳减排行动的第一步（Shan et al.，2018），而跨国企业广泛的经营范围使得核算跨国企业碳排放足迹尤其是跨国企业子公司供应链中隐含的碳排放具有一定的难度。该问题也是目前学术研究的一个热点问题（López et al.，2019），本书从以下几方面对文献进行创新。

本节内容首次全面地分析了全球跨国企业供应链隐含碳排放的变化趋势。现有的研究主要针对特定年份一国的外资企业生产活动隐含的碳排放进行研究，如中国（Dietzenbacher et al.，2012；Liu et al.，2016b；Jiang et al.，2015）或者美国（López et al.，2019）。例如，López 等（2019）发现 2009 年美国跨国企业的子公司的碳排放足迹的规模要超过英国本土直接排放的规模。不同国家在全球投资链体系中扮演着不同的角色，而且全球投资体系在近些年也在发生着快速的变革。本节针对全球范围内的跨国企业进行了时间序列分析。计算结果对于我们识别跨国企业子公司隐含碳排放足迹的变化趋势及投资隐含碳排放的转移路径具有重要意义。

本节提出了基于投资的碳排放核算原则，该原则可以激励跨国企业更加积极主动地采取应对气候变化行动。为了分析碳排放在生产者（Liu et al.，2015）和消费者（Peters，2008）之间的分配，前人针对贸易品隐含碳排放量进行了相对充分的研究（Peters and Hertwich，2008a；Peters et al.，2011；Davis and Caldeira，2010；Davis et al.，2011；Liu et al.，2015）。贸易对应的碳转移意味着一个国家通过从其他地区进口商品从而降低本国直接生产该产品的碳排放，类似于将本国的碳排放转移到其他地区（Peters et al.，2011）。与此同时，一个国家可以通过投资的形式将本国的碳排放转移到其他国家或者地区（Koch and Basse Mama，2019）。投资对应的碳转移意味着一个国家通过跨国投资将本国的生产环节转移到其他地区，从而降低本国排放而增加被投资地的排放量（Hanna，2010）。针对外商直接投资所导致的碳转移的研究目前还相对缺乏，所以本节试图从投资渠道的角度重新刻画全球碳转移。外资企业对于全球产业链具有更大的影响力（Pinkse and Kolk，2010；Cravens，1997），而且部分大型跨国企业在投资隐含的碳转移中扮演着非常重要的角色，所以投资者负责原则将跨国企业子公司供应链对应碳排放的减排责任对应于投资地（López et al.，2019）。

第二节　跨国企业碳排放足迹测算框架

投入产出模型（Leontief，1941）被广泛应用于不同经济体碳足迹的计算（Wiedmann and Lenzen，2018；Xiao et al.，2017；Wiedenhofer et al.，2017；Zhang et al.，2017b；Hertwich and Peters，2009），但是我们并不能通过将里昂惕夫逆矩阵直接乘以出口规模来计算跨国企业碳足迹（Wang et al.，2015b）。因为跨国企业可能参与到全球分工体系的任何环节，其生产经营行为并不一定与最终产品直接相关。另外，本国企业与国外企业可能具有不同的生产技术水平。本章基于分解的方法（Wang et al.，2015b；Koopman et al.，2014）给出跨国企业碳排放足迹的核算框架。

假设全球包括 m 个地区，且每个地区包括 n 个部门。每个部门的生产行为包括两类：内资企业的生产活动（ D ）和外资企业的生产活动（ F ）。最终需求矩阵为 $\boldsymbol{Y}=\begin{bmatrix} \boldsymbol{y}_{11}^{D} & \boldsymbol{y}_{12}^{D} & \cdots & \boldsymbol{y}_{1m}^{D} \\ \boldsymbol{y}_{11}^{F} & \boldsymbol{y}_{12}^{F} & \cdots & \boldsymbol{y}_{1m}^{F} \\ \vdots & \vdots & & \vdots \\ \boldsymbol{y}_{m1}^{D} & \boldsymbol{y}_{m2}^{D} & \cdots & \boldsymbol{y}_{mm}^{D} \\ \boldsymbol{y}_{m1}^{F} & \boldsymbol{y}_{m2}^{F} & \cdots & \boldsymbol{y}_{mm}^{F} \end{bmatrix}$，中间投入系数矩阵为 $\boldsymbol{A}=\begin{bmatrix} \boldsymbol{A}_{11}^{DD} & \boldsymbol{A}_{11}^{DF} & \cdots & \boldsymbol{A}_{1m}^{DD} & \boldsymbol{A}_{1m}^{DF} \\ \boldsymbol{A}_{11}^{FD} & \boldsymbol{A}_{11}^{FF} & \cdots & \boldsymbol{A}_{1m}^{FD} & \boldsymbol{A}_{1m}^{FF} \\ \vdots & \vdots & & \vdots & \vdots \\ \boldsymbol{A}_{m1}^{DD} & \boldsymbol{A}_{m1}^{DF} & \cdots & \boldsymbol{A}_{mm}^{DD} & \boldsymbol{A}_{mm}^{DF} \\ \boldsymbol{A}_{m1}^{FD} & \boldsymbol{A}_{m1}^{FF} & \cdots & \boldsymbol{A}_{mm}^{FD} & \boldsymbol{A}_{mm}^{FF} \end{bmatrix}$。以 $\boldsymbol{A}_{1m}^{DF}$ 为例，它代表了地区 m 的外资企业的单位产出对区域 1 的内资企业产品的需求。根据里昂惕夫模型得

$$\boldsymbol{X}=(\boldsymbol{I}-\boldsymbol{A})^{-1}\boldsymbol{Y} \tag{8.1}$$

其中，$\boldsymbol{X}$ 为产出矩阵。定义 $\boldsymbol{E}$ 为碳排放强度系数矩阵，则最终需求导致的碳排放量为

$$\boldsymbol{C}=\boldsymbol{E}(\boldsymbol{I}-\boldsymbol{A})^{-1}\boldsymbol{Y} \tag{8.2}$$

分别从横向和纵向对 $\boldsymbol{C}$ 进行求和，我们可以得到不同地区生产者负责原则和消费者负责原则下对应的碳排放量。定义 $\boldsymbol{Y}_r^F$ 为区域 $r(r=1,2,\cdots,m)$ 的外资企业对应的最终产出矩阵，$\boldsymbol{A}_r^F$ 为区域 r 的外资企业对应产出的中间投入系数矩阵。以区域 1 为例，

$$\boldsymbol{Y}_1^F=\begin{bmatrix} \boldsymbol{0} & \boldsymbol{0} & \cdots & \boldsymbol{0} \\ \boldsymbol{y}_{11}^{F} & \boldsymbol{y}_{12}^{F} & \cdots & \boldsymbol{y}_{1m}^{F} \\ \vdots & \vdots & & \vdots \\ \boldsymbol{0} & \boldsymbol{0} & \cdots & \boldsymbol{0} \\ \boldsymbol{0} & \boldsymbol{0} & \cdots & \boldsymbol{0} \end{bmatrix}，\quad \boldsymbol{Y}_1^{F*}=\boldsymbol{Y}-\boldsymbol{Y}_1^F，\quad \boldsymbol{A}_1^F=\begin{bmatrix} \boldsymbol{0} & \boldsymbol{0} & \cdots & \boldsymbol{0} & \boldsymbol{0} \\ \boldsymbol{A}_{11}^{FD} & \boldsymbol{A}_{11}^{FF} & \cdots & \boldsymbol{A}_{1m}^{FD} & \boldsymbol{A}_{1m}^{FF} \\ \vdots & \vdots & & \vdots & \vdots \\ \boldsymbol{0} & \boldsymbol{0} & \cdots & \boldsymbol{0} & \boldsymbol{0} \\ \boldsymbol{0} & \boldsymbol{0} & \cdots & \boldsymbol{0} & \boldsymbol{0} \end{bmatrix}，$$

$\boldsymbol{A}_1^{F*}=\boldsymbol{A}-\boldsymbol{A}_1^F$，$\boldsymbol{I}-\boldsymbol{A}=\boldsymbol{I}-\boldsymbol{A}_r^{F*}-\boldsymbol{A}_r^F$。进而得到

$$\boldsymbol{C}=\boldsymbol{E}(\boldsymbol{I}-\boldsymbol{A}_r^{F*}-\boldsymbol{A}_r^F)^{-1}\boldsymbol{Y}_r^{F*}+\boldsymbol{E}(\boldsymbol{I}-\boldsymbol{A})^{-1}\boldsymbol{Y}_r^F \tag{8.3}$$

因为 $\boldsymbol{I}=(\boldsymbol{I}-\boldsymbol{A}_r^{F*})^{-1}(\boldsymbol{I}-\boldsymbol{A}_r^{F*})$，$\boldsymbol{I}=(\boldsymbol{I}-\boldsymbol{A}_r^{F*}-\boldsymbol{A}_r^F)^{-1}(\boldsymbol{I}-\boldsymbol{A}_r^{F*}-\boldsymbol{A}_r^F)$，我们得到 $(\boldsymbol{I}-\boldsymbol{A}_r^{F*}-\boldsymbol{A}_r^F)^{-1}=(\boldsymbol{I}-\boldsymbol{A}_r^{F*})^{-1}(\boldsymbol{I}-\boldsymbol{A}_r^{F*}-\boldsymbol{A}_r^F+\boldsymbol{A}_r^F)(\boldsymbol{I}-\boldsymbol{A}_r^{F*}-\boldsymbol{A}_r^F)^{-1}=(\boldsymbol{I}-\boldsymbol{A}_r^{F*})^{-1}+(\boldsymbol{I}-\boldsymbol{A}_r^{F*})^{-1}\boldsymbol{A}_r^F(\boldsymbol{I}-\boldsymbol{A})^{-1}$。代入式（8.3），得到

$$\boldsymbol{C}=\underbrace{\boldsymbol{E}(\boldsymbol{I}-\boldsymbol{A}_r^{F*})^{-1}\boldsymbol{Y}_r^{F*}}_{(1)}+\underbrace{\boldsymbol{E}(\boldsymbol{I}-\boldsymbol{A}_r^{F*})^{-1}\boldsymbol{A}_r^F(\boldsymbol{I}-\boldsymbol{A})^{-1}\boldsymbol{Y}_r^{F*}}_{(2)}+\underbrace{\boldsymbol{E}(\boldsymbol{I}-\boldsymbol{A})^{-1}\boldsymbol{Y}_r^F}_{(3)} \tag{8.4}$$

式（8.4）右半部分的（1）项反映了与区域 r 外资企业的生产经营活动不相关的碳排放，（2）项反映了与区域 r 外资企业的生产中间品过程相关的碳排放，（3）项反映了与区域 r 外资企业的生产最终品过程相关的碳排放。基于式（8.4），区域 r 的外资企业对应碳足迹为

$$\boldsymbol{C}_r^{\text{host}} = \boldsymbol{E}(\boldsymbol{I}-\boldsymbol{A}_r^{F*})^{-1}\boldsymbol{A}_r^F(\boldsymbol{I}-\boldsymbol{A})^{-1}\boldsymbol{Y}_r^{F*} + \boldsymbol{E}(\boldsymbol{I}-\boldsymbol{A})^{-1}\boldsymbol{Y}_r^F \tag{8.5}$$

基于 $\boldsymbol{I} = (\boldsymbol{I}-\boldsymbol{A}_r^{F*})^{-1}(\boldsymbol{I}-\boldsymbol{A}_r^{F*})$，得到

$$\begin{aligned}\boldsymbol{C}_r^{\text{host}} &= \boldsymbol{E}(\boldsymbol{I}-\boldsymbol{A}_r^{F*})^{-1}\boldsymbol{A}_r^F(\boldsymbol{I}-\boldsymbol{A})^{-1}\boldsymbol{Y}_r^{F*} + \boldsymbol{E}(\boldsymbol{I}-\boldsymbol{A}_r^{F*})^{-1}(\boldsymbol{I}-\boldsymbol{A}_r^{F*}-\boldsymbol{A}_r^F+\boldsymbol{A}_r^F)(\boldsymbol{I}-\boldsymbol{A})^{-1}\boldsymbol{Y}_r^F \\ &= \boldsymbol{E}(\boldsymbol{I}-\boldsymbol{A}_r^{F*})^{-1}\boldsymbol{A}_r^F(\boldsymbol{I}-\boldsymbol{A})^{-1}\boldsymbol{Y}_r^{F*} + \boldsymbol{E}(\boldsymbol{I}-\boldsymbol{A}_r^{F*})^{-1}(\boldsymbol{I}-\boldsymbol{A}_r^{F*}-\boldsymbol{A}_r^F)(\boldsymbol{I}-\boldsymbol{A})^{-1}\boldsymbol{Y}_r^F \\ &\quad + \boldsymbol{E}(\boldsymbol{I}-\boldsymbol{A}_r^{F*})^{-1}\boldsymbol{A}_r^F(\boldsymbol{I}-\boldsymbol{A})^{-1}\boldsymbol{Y}_r^F \\ &= \boldsymbol{E}(\boldsymbol{I}-\boldsymbol{A}_r^{F*})^{-1}\boldsymbol{A}_r^F(\boldsymbol{I}-\boldsymbol{A})^{-1}\boldsymbol{Y}_r^{F*} + \boldsymbol{E}(\boldsymbol{I}-\boldsymbol{A}_r^{F*})^{-1}\boldsymbol{Y}_r^F + \boldsymbol{E}(\boldsymbol{I}-\boldsymbol{A}_r^{F*})^{-1}\boldsymbol{A}_r^F(\boldsymbol{I}-\boldsymbol{A})^{-1}\boldsymbol{Y}_r^F\end{aligned} \tag{8.6}$$

定义 $\boldsymbol{Z}_r^F = \boldsymbol{A}_r^F\boldsymbol{X}$ 作为区域 r 被用于中间投入的产出。基于 $\boldsymbol{Y} = \boldsymbol{Y}_r^{F*} + \boldsymbol{Y}_r^F$，$\boldsymbol{A} = \boldsymbol{A}_r^{F*} + \boldsymbol{A}_r^F$，得到

$$\begin{aligned}\boldsymbol{C}_r^{\text{host}} &= \boldsymbol{E}(\boldsymbol{I}-\boldsymbol{A}_r^{F*})^{-1}\boldsymbol{A}_r^F(\boldsymbol{I}-\boldsymbol{A})^{-1}\boldsymbol{Y} + \boldsymbol{E}(\boldsymbol{I}-\boldsymbol{A}_r^{F*})^{-1}\boldsymbol{Y}_r^F \\ &= \boldsymbol{E}(\boldsymbol{I}-\boldsymbol{A}_r^{F*})^{-1}\boldsymbol{Z}_r^F + \boldsymbol{E}(\boldsymbol{I}-\boldsymbol{A}_r^{F*})^{-1}\boldsymbol{Y}_r^F \\ &= \boldsymbol{E}(\boldsymbol{I}-\boldsymbol{A}_r^{F*})^{-1}(\boldsymbol{Z}_r^F + \boldsymbol{Y}_r^F) \\ &= \boldsymbol{E}(\boldsymbol{I}-\boldsymbol{A}+\boldsymbol{A}_r^F)^{-1}(\boldsymbol{Z}_r^F + \boldsymbol{Y}_r^F)\end{aligned} \tag{8.7}$$

定义 $\boldsymbol{B}_r^F = (\boldsymbol{I}-\boldsymbol{A}+\boldsymbol{A}_r^F)^{-1}$ 为区域 r 的外资企业的单位产出对于其他部门产品的需求，$\boldsymbol{O}_r^F = \boldsymbol{Z}_r^F + \boldsymbol{Y}_r^F$ 为区域 r 外资企业的产出规模。则区域 $r(r=1,2,\cdots,m)$ 外资企业碳排放足迹为 $\boldsymbol{C}_r^{\text{host}} = \boldsymbol{E}\boldsymbol{B}_r^F\boldsymbol{O}_r^F$。在一时间段，区域 r 外企业碳排放足迹的变动为

$$\Delta\boldsymbol{C}_r^{\text{host}} = \boldsymbol{C}_{\text{r\_t}}^{\text{host}} - \boldsymbol{C}_{r\_0}^{\text{host}} = \boldsymbol{E}_t\boldsymbol{B}_{\text{r\_t}}^F\boldsymbol{O}_{\text{r\_t}}^F - \boldsymbol{E}_0\boldsymbol{B}_{r\_0}^F\boldsymbol{O}_{r\_0}^F \tag{8.8}$$

本章采用结构分解法对外资企业碳足迹变动的驱动因素进行提取。文献中给出了不同的结构分解方法（Zhang et al.，2017a），本章采用两级分解法（Chen et al.，2015；Meng et al.，2017；Mi et al.，2017）。外资企业碳足迹的变动可以表示为

$$\begin{aligned}\Delta\boldsymbol{C}_r^{\text{host}} &= \frac{1}{2}(\Delta\boldsymbol{E}\boldsymbol{B}_{\text{r\_t}}^F\boldsymbol{O}_{\text{r\_t}}^F + \Delta\boldsymbol{E}\boldsymbol{B}_{r\_0}^F\boldsymbol{O}_{r\_0}^F) + \frac{1}{2}(\boldsymbol{E}_0\Delta\boldsymbol{B}_r^F\boldsymbol{O}_{\text{r\_t}}^F + \boldsymbol{E}_t\Delta\boldsymbol{B}_r^F\boldsymbol{O}_{r\_0}^F) \\ &\quad + \frac{1}{2}(\boldsymbol{E}_0\boldsymbol{B}_{r\_0}^F\Delta\boldsymbol{O}_r^F + \boldsymbol{E}_t\boldsymbol{B}_{\text{r\_t}}^F\Delta\boldsymbol{O}_r^F)\end{aligned} \tag{8.9}$$

式（8.9）的三部分分别为碳排放强度效应、生产结构效应和规模效应。基于式（8.5），我们可以将外资企业的碳足迹对应于生产者和消费者。但是，本章主要关心的是投资地的碳减排责任。本节基于双边投资数据，对外资企业的碳足迹进行分解，得到不同国家投资导致的碳足迹（$\boldsymbol{C}_{r,i}^{\text{host}}$）。区域 s 到区域 r 在部门 i 的投资数据为 $t_{sr,i}$。则区域 s 的跨国企业对应的碳足迹为

$$\boldsymbol{C}_s^{\text{home}} = \sum_{r,i}\frac{t_{sr,i}}{\sum_k t_{kr,i}}\boldsymbol{C}_{r,i}^{\text{host}} \tag{8.10}$$

本节主要关注外资企业碳足迹核算，该类型企业通过对外直接投资对多个国

家的企业具有控制权（Dunning and Lundan，2008）。因此，本章认为区域间外商直接投资数据是估算跨国企业子公司碳排放足迹的最佳指标。但是，跨国公司的碳排放量不仅与当期投资水平相关，还与历史投资水平相关。为了解决该问题，本章采用外商直接投资的存量水平作为核算跨国企业碳足迹的拆分标准。本章采用的数据是经济合作与发展组织最新公布的一个时间序列投入产出表（Cadestin et al.，2018），该表包括 60 个国家和地区并且区分了内资企业和外资企业。碳排放数据来自国际能源署，对外直接投资数据来自经济合作与发展组织和联合国。

第三节 跨国企业碳排放足迹测算结果

2008 年，跨国企业的境外子公司供应链隐含碳排放（跨国企业碳足迹）占全球碳排放的份额达到最大值，即 22%。虽然跨国公司碳足迹占全球碳排放总量的份额在逐渐下降，但是跨国企业碳足迹的规模仍然较大。到 2016 年，与外资企业的供应链有关的碳排放依然占全球碳排放总量的 19%。很明显，外商直接投资应该是气候变化应对措施制定者关注的一个重点。投资隐含碳排放的规模与贸易隐含碳排放的规模相当。基于跨国企业碳足迹规模变化的趋势，我们将本书分析的时间段分为四个阶段。在第一阶段，跨国企业的碳足迹从 2005 年的 53 亿吨增长到 2008 年的 64 亿吨。经过 2008 年亚洲金融危机之后，跨国企业碳足迹继续增长到 2011 年的 67 亿吨。之后，跨国企业碳足迹规模持续下降到 2014 年的 65 亿吨和 2016 年的 61 亿吨，如图 8.1 所示。

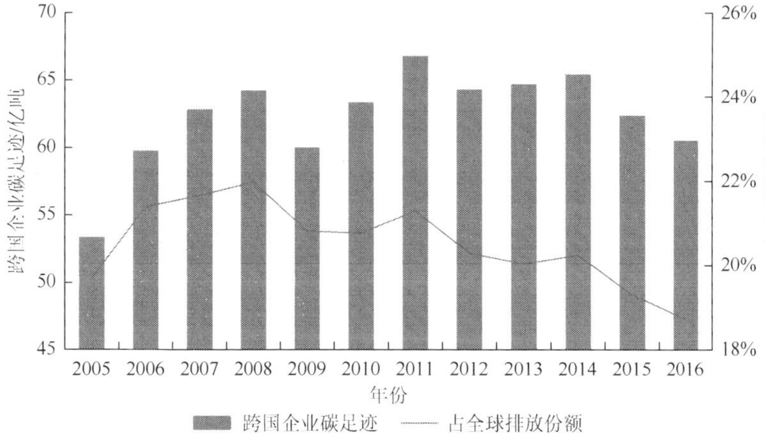

图 8.1 跨国企业碳足迹变化趋势

在第一阶段（2005～2008 年），外资企业供应链隐含碳排放的规模增长 20%。外资企业产出规模的上升是外资企业碳足迹快速上涨的主要驱动因素，在不考虑其他因素的前提下，外资企业产出规模的增长导致外资企业碳足迹增长 27%。碳排放足迹的下降推动外资企业碳足迹的规模下降 9%，而生产结构变动对于外资企业碳足迹的影响相对温和。由于亚洲金融危机的影响，跨国企业碳足迹规模的增长率在第二个阶段（2008～2011 年）出现下降，仅仅增长 4%。规模效应是跨国企业碳足迹增长的主要推动因素，但是技术效应导致跨国企业碳足迹下降 0.7%。2011 年拐点之后，跨国企业碳足迹规模的下降速度明显增加。在 2011～2014 年和 2014～2016 年，跨国企业碳足迹规模的下降率达到了 2%和 7.6%。跨国企业碳足迹规模的下降主要是由碳排放强度的下降推动的。在 2011 年以前，全球碳排放强度相对平稳，但在 2011 年之后，碳排放强度快速下降（Jackson et al.，2016）。在 2011～2014 年，规模效应和技术效应都对跨国企业碳足迹有促进作用。但是随着外商直接投资规模的下降和外资企业开始采用更加清洁的生产技术，这两个效应的符号在 2014～2016 年阶段发生了改变。在最后一个阶段，三个效应均对跨国企业碳足迹的下降有促进作用。规模效应、技术效应和强度效应分别促进跨国企业碳足迹下降 2.3%、3.4%和 1.9%。

跨国企业投资地和被投资地分布在不同的国家或地区。从被投资地外资企业碳足迹规模的大小来看，中国的外资企业的碳足迹规模最大，2016 年达到 16 亿吨。欧盟和美国分别位列第二和第三。在 2005～2016 年，欧盟和美国的外资企业的碳足迹规模相对稳定，然而随着中国、印度等发展中国家对国际资本吸引力日益增强，境内的外资企业碳足迹的规模迅速增长。从跨国企业的投资地来看，欧盟是跨国企业对外投资最大的来源地。来源于欧盟的跨国企业的碳足迹规模最大，达到了 22 亿吨，其次为美国 13 亿吨。在 2011 年之后，来源于发达国家的跨国企业的碳足迹开始下降，但是中国对外投资碳足迹的规模却有明显上升。中国对外投资对应碳足迹从 2005 年的 0.6 亿吨增长到 2016 年的 2 亿吨。

投资对应碳转移路径中规模最大的是从中国香港到中国内地，在 2005 年投资隐含碳排放规模达到 5.9 亿吨，并在 2016 年增长到 8.57 亿吨。中国香港是中国内地外商直接投资的主要来源地。2016 年超过 60%的中国内地的外商直接投资来源于中国香港地区。第二大转移路径是从欧盟到美国，其中美国是全球最大的外商直接投资吸收地。在本书研究的时间段，美国和欧盟之间投资对应碳转移的规模在逐渐下降，但是从发达国家到发展中国家投资对应碳转移的规模却在快速上涨。比如，从美国到印度投资隐含碳排放从 2005 年的 0.48 亿吨增长到 2016 年的 0.71 亿吨。世界投资报告指出发展中国家对于外商直接投资正在变得更加具有吸引力，但是发达国家对于外资的吸引力在逐渐下降。近年来，一些发展中国家，如中国，也在积极向新兴国家投资（Wells，1983）。中国已经设立了亚洲开发银行和丝路基金用于投资“一带一路”沿线的发展中国家。在本书研究时间段，中国向印度及东南亚国家投资隐含碳排放快速增长，中国对于越南、印度尼西亚、菲律宾、泰国和马来西亚的投资隐含碳排放增长了十倍。随着南南贸易（Meng et al.，2018b）和投资规模的继续扩大，发展中国家之间的碳转移规模会继续增长，这部分碳转移应该是未来政策制定者关注的一个重点。

一个地区可以通过投资的形式将碳排放转移到其他国家或地区。本节基于跨国企业碳足迹在投资者负责原则和生产者负责原则下的差异，分析外商直接投资对于碳排放分布的影响。在投资者负责原则下，作为投资地的国家或地区需要对跨国企业碳足迹负责。在生产者负责原则下，作为被投资地的国家或地区需要对本国的外资企业的碳足迹负责。研究发现，发达国家海外投资对应的碳足迹大于本地区外资企业碳足迹的规模，而发展中国家的情形刚好相反。研究结果与文献中得到的结论基本一致，即发达国家向发展中国家转移碳排放（Davis and Caldeira，2010；Davis et al.，2011；Peters et al.，2011；Peters，2008）。中国香港地区具有最大规模的净负的基于投资的碳排放转移（–10.31 亿吨），欧盟和美国分别位列第二和第三。中国内地是投资对应碳转移的主要目的地。在 2016 年，中国内地外资企业碳足迹的规模达到 18.11 亿吨，而中国内地对外投资对应的碳足迹的规模只有 1.39 亿吨。外资企业对于被投资地排放的促进作用要小于对该地区经济发展的促进作用。政策制定者需要进一步加强引导，促进在高附加值低排放领域的投资。

外资企业碳足迹存在明显的部门异质性，对于石油化学部门，美国境内的外资企业的碳足迹的规模最大，其次为中国，这两个地区是外商直接投资的主要目的地。中国的外资企业具有更高的碳排放量是由于中国以煤炭为主的能源结构。按照当地外资企业碳足迹的规模排序，其他的主要国家或地区主要是发达国家和大型的发展中国家，如加拿大、德国、英国、巴西和印度。电子产品部门的外资企业的碳足迹的国家或地区分布具有更大的集中性。在 2016 年，中国电子行业外资企业碳足迹的规模达到 2.27 亿吨，显著高于其他地区电子行业外资企业碳足迹。一些东南亚国家在电子行业的外资企业的碳排放的规模也相对较大。

可口可乐公司作为一家美国大型跨国企业，其海外投资的碳足迹规模几乎与中国境内食品行业所有外商企业的碳足迹的规模相当。道达尔公司和英国石油公司海外投资的碳足迹规模超过了大部分国家境内石油化工行业的外资企业碳足迹规模。陶氏化学和巴斯夫公司是化学部门投资碳足迹规模第三和第四的主体，排在中国大陆和美国之后。大型跨国企业在其他部门外资碳足迹规模排名中也占有非常靠前的位置。虽然这些外资企业与本地企业相比可能具有较低的碳排放强度，它们积极地应对气候变化仍然对于降低全球碳排放具有重要意义，不仅能够降低本企业的直接碳排放，而且能够促进上游供应商采取更加积极的气候变化应对行动。

跨国公司在应对气候变化行动中扮演着非常重要的角色。比如，苹果公司作为全球最大的科技公司在 2015 年开始实施清洁能源项目，沃尔玛百货有限公司制订了 10 亿吨的碳减排计划。跨国企业的碳足迹规模或者强度在近年来也持续下降，如 2017 年可口可乐公司碳强度与 2010 年相比下降了 19%。应对气候变化的国际合作为跨国企业的快速发展提供了新的机遇，但是跨国企业在应对气候变化行动中仍面临着在政策及技术上的不确定性（Kolk and Pinkse，2008）。跨国企业在应对气候变化行动中倾向于采取相对保守的行为，如丰田汽车公司并没有直接开发新能源车，而是选择混动汽车作为过渡。另外超过半数的跨国企业仅制订了短期的应对气候变化行动计划（Kuramochi et al.，2019）。跨国企业应该采取更加有力的措施降低其国际投资拉动的碳排放。

第四节　本 章 小 结

本章从时间趋势、空间特征和部门属性等角度对跨国企业碳足迹进行了分析。近些年来，国际投资呈现出了一些新的特征，如国际投资的规模在 2017 年和 2018 年分别下降了 23%和 13%。逆全球化的进程会在短期内降低外资企业碳足迹的规模。但是，在发展中国家流入的外资规模仍在持续增长，而且发展中国家之间的投资规模也在上升（Meng et al.，2018b）。越来越多的发展中国家的企业正在逐步发展为大型跨国企业。与传统的跨国企业不同，新兴的跨国企业具有后发优势，可以在构建全球产业链的前期将碳减排目标很好地融入其中。本章仅仅分析了 12 家跨国企业的碳足迹，随着越来越多的跨国企业采取碳减排措施，未来研究可以针对该问题进行更加全面的讨论。

一个地区可以同时通过贸易和投资的形式向其他地区转移碳排放。本章在研究碳转移的过程中将注意力从传统的贸易视角转移到投资视角。贸易和投资之间的关系日益紧密（Mundell，1957；Daniels and von der Ruhr，2014；UNCTAD，2002），使得区域之间碳转移的路径变得更加复杂。一个清晰的基于贸易和投资的碳转移路径对于政策制定者选择合理的碳泄漏应对措施具有重要的现实意义。比如，Borghesi 等（2020）指出单边的环境政策会推动跨国企业子公司碳排放的增长，尤其是贸易密集型部门。现有研究主要关注贸易和投资耦合的经济效应（Chow，2012），未来可就贸易和投资耦合的环境效应进行更加充分的讨论。另外，跨国企业在贸易和投资耦合中扮演着非常重要的角色。比如，外资企业的生产依赖国外进口的中间品，同时很大一部分外资企业的产品出口到国外。跨国企业应该在未来应对全球气候变化行动中扮演更加重要的角色。

本章提出了基于投资者负责原则的跨国企业碳足迹减排责任分配方案。投资者负责原则将现有文献的注意力从生产者和消费者（Peters，2008）转移到投资者。

这是由于跨国企业对于全球供应链体系具有更大的影响力。投资者负责原则可以用于解决跨国投资所导致的区域间碳泄漏问题，从而鼓励投资者投资具有更低排放的国家和部门。发展中国家为了吸引外商直接投资，也需要进一步降低本国的碳排放强度。本章的研究结果也可以应用于应对气候变化国际谈判中。但是需要指出的是，跨国企业对于供应链的影响力随着跨境次数的提升可能会逐渐下降（Zhang et al.，2019；Zhang et al.，2017b），另外不同类型的跨国企业对于子公司具有不同的影响力，这些问题可以是今后研究关注的方向。

第四篇　产业分工与边境碳调整政策

第九章　产业分工对边境碳调整政策影响：进口视角

为了应对地区碳减排约束强度差异导致的碳泄漏问题，部分国家提出针对进口商品征收碳关税，以保护本国企业的竞争力。然而，产业分工导致中间产品可能会多次重复跨越一国边境，从而导致碳关税的重复计算问题。本节认为，在全球产业分工快速发展的背景下，碳关税不仅与贸易隐含碳足迹的规模相关，而且与贸易隐含排放对应的跨境次数相关。本节模拟情景假设为美国对进口产品隐含碳排放征收关税来支持进口产品的生产。全球产业分工导致碳排放产生地与碳关税支付地可能是不同的，国际贸易隐含间接碳排放占被征收关税碳排放相当大的比重。碳关税的多重征税问题会随着采用边境碳调整的国家数量的增加而日益严重，因为中间贸易产品所体现的碳排放可能会被不同国家征收关税。举例来说，如果美国、德国、日本、法国、韩国等国对其他国家所有进口产品隐含排放征收关税，那么多重碳关税所占的比例将增加到 4.24%。碳关税的多重征税问题将使国际上关于边境碳调整的争论更加激烈。

第一节　边境碳调整政策研究现状

边境碳调整可以针对进口国（如对进口国征收碳关税）或出口国（如对出口国退税）。在本节中，边境碳调整特指对为支持进口产品的生产而直接和间接产生的外国排放物征收碳关税。政策制定者们关心的问题是：谁的排放量被管制，针对其排放量征收多少关税？谁来支付碳关税，他们支付了多少碳关税？所有这些问题都与跨境频率的概念密切相关，因为每当贸易产品越过实施边境碳调整政策国家的国界时，就要对贸易隐含碳排放支付碳关税。贸易品跨境频率越高，可能会导致间接关税的比例越大，进而造成严重的多重征税问题。

关于边界碳调整的文献不断涌现。现有研究讨论了边界碳调整的合法性（Holmes et al.，2011；Fouré et al.，2016），探索了边界碳调整的设计（Böhringer et al.，2012a；Monjon and Quirion，2010；Sakai and Barrett，2016），评估了边界碳调整的应用有效性（Branger and Quirion，2014；Caron，2012；Fischer and Fox，2012；Li and Zhang，2012；Schinko et al.，2014）等。现有文献主要从碳足迹的大小和组成部分着眼于全球生产分散化的环境影响（Davis and Caldeira，2010；Dietzenbacher et al.，2012；Hoekstra and Wiedmann，2014；Meng et al.，

2015），本章试图通过指出与碳足迹相关的跨境次数的政策含义以进一步丰富现有文献。

Böhringer 等（2012a）指出，现有关于碳关税的文献在管制排放的覆盖范围上存在差异，如仅有直接排放（Böhringer et al.，2012a）、直接排放加用电间接排放（Winchester，2012；Tang et al.，2015）和完全碳足迹（McAusland and Najjar，2015）。本章主要分析针对进口品隐含的其他国家碳排放征收的碳关税，以避免采取单边气候法规的国家对排放的双重监管（Böhringer et al.，2012b）。为了全面分析与碳足迹相关的跨境次数对碳关税的影响，本章对碳关税进行了前向和后向的国际关联性分解，根据碳足迹跨境次数分为直接关税、间接关税和多重关税。

第二节　基于隐含排放跨境次数的边境碳调整分析

本节讨论了隐含碳排放跨境次数对进口碳关税政策实施效果的影响。假设国家组 $V[V \subset (1,2,\cdots,G)]$ 对从其他国家组 $U[U \subset (1,2,\cdots,G)]$ 进口产品隐含碳排放征收碳关税。根据隐含碳排放跨境次数，从前向和后向产业关联两个角度将碳关税分解为直接关税、间接关税和多重关税。基于前向产业关联分析，主要关注的问题是对谁的排放征税？征收了多少关税？而基于后向产业关联分析回答了谁来缴纳碳关税及缴纳多少关税的问题。

从前向产业关联的角度出发，可以沿着全球生产网络追踪出口隐含碳排放情况，得到覆盖各国碳排放的碳关税征收规模。本章假设碳关税是外生的，征收关税行为对投入产出系数矩阵的结构没有影响。根据第五章内容，对某国 t 的碳排放征收的碳关税等于碳关税税率乘以 V 国进口所隐含的 t 国碳排放规模，再乘以隐含碳排放跨越 V 国边境的次数。其数学表达式如下：

$$\mathrm{CT}_t\_\mathrm{f} = \boldsymbol{R}^{tV} \boldsymbol{F} \boldsymbol{L}^D (\boldsymbol{I} - \boldsymbol{M}\boldsymbol{Z}^{UV})^{-1} \boldsymbol{T}^{UV} \tag{9.1}$$

其中，$\boldsymbol{R}^{tV} = \begin{bmatrix} k_{11}\boldsymbol{R} & \cdots & \boldsymbol{0} & \cdots & \boldsymbol{0} \\ \boldsymbol{0} & \cdots & k_{22}\boldsymbol{R} & \cdots & \boldsymbol{0} \\ \vdots & & \vdots & & \vdots \\ \boldsymbol{0} & \cdots & \boldsymbol{0} & \cdots & k_{GG}\boldsymbol{R} \end{bmatrix}$（若 $s=t$，$k_{ss}=1$；否则，$k_{ss}=0$）；$\boldsymbol{R}$ 为一个由 $N \times N$ 对角矩阵构成的碳关税税率；$\boldsymbol{Z}^{UV} = \begin{bmatrix} \boldsymbol{0} & h_{12}\boldsymbol{A}_{12}\boldsymbol{L}_{22} & \cdots & h_{1G}\boldsymbol{A}_{1G}\boldsymbol{L}_{GG} \\ h_{21}\boldsymbol{A}_{21}\boldsymbol{L}_{11} & \boldsymbol{0} & \cdots & h_{2G}\boldsymbol{A}_{2G}\boldsymbol{L}_{GG} \\ \vdots & \vdots & & \vdots \\ h_{31}\boldsymbol{A}_{31}\boldsymbol{L}_{11} & h_{32}\boldsymbol{A}_{32}\boldsymbol{L}_{22} & \cdots & \boldsymbol{0} \end{bmatrix}$（若 $s \in U$ 且 $r \in V$，$h_{sr}=1$；否则，$h_{sr}=0$）；$\boldsymbol{M} = (\boldsymbol{I} - \boldsymbol{Z} + \boldsymbol{Z}^{UV})^{-1}$；$\boldsymbol{T}^{UV}$ 为从国家组 U 对国家组 V 的出口。

根据隐含碳排放的跨境次数，将针对各国的总碳关税分为直接碳关税、间接碳关税和多重碳关税。直接碳关税（DCT_f），针对的是仅通过国内产业关联产生的排放量，出口品仅跨越征收碳关税国家的边界1次。直接排放量的数学表达式为$\boldsymbol{T}^{tV}\boldsymbol{F}\boldsymbol{L}^{D}\boldsymbol{Y}^{UV}+\boldsymbol{T}^{tV}\boldsymbol{F}\boldsymbol{L}^{D}\boldsymbol{Z}^{UV}[\boldsymbol{I}+(\boldsymbol{Z}-\boldsymbol{Z}^{UV})+(\boldsymbol{Z}-\boldsymbol{Z}^{UV})^{2}+\cdots](\boldsymbol{Y}-\boldsymbol{Y}^{UV})$。根据逆矩阵的特征，可以获得直接碳关税为

$$\mathrm{DCT}_{t}\_\mathrm{f}=\boldsymbol{R}^{tV}\boldsymbol{F}\boldsymbol{L}^{D}\mathbf{T}\_\mathrm{D}^{UV} \tag{9.2}$$

其中，$\mathbf{T}_\mathrm{D}^{UV}$为从国家组$U$直接出口到国家组$V$的产品。间接碳关税（ICT_f）指的是针对为支持$U$国进口产品的生产而产生的碳排放，进口产品将被加工并出口至V国。交易的产品仅跨越国家组U到国家组V的边境1次。间接碳关税的数学表达式为

$$\mathrm{ICT}_{t}\_\mathrm{f}=\boldsymbol{R}^{tV}\boldsymbol{F}\boldsymbol{L}^{D}\mathbf{T}\_\mathrm{I}^{UV} \tag{9.3}$$

其中，$\mathbf{T}_\mathrm{I}^{UV}$为其他国家的中间产品，这些产品先出口到国家组$U$，然后再出口到国家组$V$。由于国家组$U$和国家组$V$之间的中间产品贸易往往会产生双向流动，边境碳调整可能会对中间产品中隐含的碳排放征收多次碳关税，因此可能会产生多重碳关税（MCT_f）。其数学表达式为

$$\mathrm{MCT}_{t}\_\mathrm{f}=\boldsymbol{R}^{tV}\boldsymbol{F}\boldsymbol{L}^{D}\mathbf{T}\_\mathrm{M}^{UV} \tag{9.4}$$

其中，$\mathbf{T}_\mathrm{M}^{UV}$为从国家组$U$到国家组$V$多次跨境贸易产品的累积量。前两部分的（DCT_f和ICT_f）是由关税税率和碳足迹的大小决定的，MCT_f还与隐含碳排放的跨境次数有关。如果忽略隐含碳排放跨境次数的影响，碳关税收入将被低估。

从后向产业关联的角度看，可以追溯到出口商品的上游生产阶段产生的所有排放。t国支付的碳关税等于碳关税税率、t国向V国出口隐含排放规模和V国从t国进口隐含碳排放跨境次数的乘积。

$$\mathrm{CT}_{t}\_\mathrm{b}=\boldsymbol{R}^{UV}\boldsymbol{F}\boldsymbol{L}^{D}(\boldsymbol{I}-\boldsymbol{N}\boldsymbol{Z}^{tV})^{-1}\boldsymbol{T}^{tV} \tag{9.5}$$

其中，$\boldsymbol{R}^{UV}$为一个由$NG\times NG$对角矩阵构成的碳关税税率；$\boldsymbol{Z}^{tV}=\begin{bmatrix}\boldsymbol{0} & h_{12}\boldsymbol{A}_{12}\boldsymbol{L}_{22} & \cdots & h_{1G}\boldsymbol{A}_{1G}\boldsymbol{L}_{GG}\\ h_{21}\boldsymbol{A}_{21}\boldsymbol{L}_{11} & \boldsymbol{0} & \cdots & h_{2G}\boldsymbol{A}_{2G}\boldsymbol{L}_{GG}\\ \vdots & \vdots & & \vdots\\ h_{31}\boldsymbol{A}_{31}\boldsymbol{L}_{11} & h_{32}\boldsymbol{A}_{32}\boldsymbol{L}_{22} & \cdots & \boldsymbol{0}\end{bmatrix}$（若$s=t$且$r\in V$，$h_{sr}=1$；否则，$h_{sr}=0$）；$\boldsymbol{N}=(\boldsymbol{I}-\boldsymbol{Z}+\boldsymbol{Z}^{tV})^{-1}$；$\boldsymbol{T}^{tV}$为从$t$国出口到$V$国的产品。基于后向产业关联，将各国支付的碳关税总额按照碳足迹的越境频率进一步划分为直接碳关税、间接碳关税和多重碳关税。其中，直接碳关税（DCT_b）是针对国内为支持V国出口而产生的国内排放征收的关税。t国出口到V国的碳足迹的跨境次数为1。直接碳

关税可以用以下公式来衡量：$\boldsymbol{TFL}^D\boldsymbol{Y}^{tV}+\boldsymbol{TFL}^D\boldsymbol{Z}^{tV}[\boldsymbol{I}+(\boldsymbol{Z}-\boldsymbol{Z}^{tV})+(\boldsymbol{Z}-\boldsymbol{Z}^{tV})^2+\cdots]$ $(\boldsymbol{Y}-\boldsymbol{Y}^{tV})$，重新排列得

$$\mathrm{DCT}_{t\_}\mathrm{b}=\boldsymbol{R}^{UV}\boldsymbol{FL}^D\mathbf{T}\_\mathrm{D}^{tV} \tag{9.6}$$

其中，$\mathbf{T}\_\mathrm{D}^{tV}$ 为 t 国到 V 国的直接出口，从 t 国到 V 国的产品只跨境 1 次，但是碳排放国和纳税国可能是两个不同的国家。间接碳关税（ICT _ b ）是针对 t 国向 V 国出口所隐含的国外碳排放征收的关税，其数学表达式为

$$\mathrm{ICT}_{t\_}\mathrm{b}=\boldsymbol{R}^{UV}\boldsymbol{FL}^D\mathbf{T}\_\mathrm{I}^{tV} \tag{9.7}$$

其中，$\mathbf{T}\_\mathrm{I}^{tV}$ 为其他国家的中间产品，这些中间产品先被出口到 t 国，然后出口到 V 国。国内和国外的中间产品都可以多次跨过 t 国到 V 国的边境，然后 t 国要为中间产品所隐含的排放物多次缴纳碳关税（多重碳关税， MCT _ b ）。

$$\mathrm{MCT}_{t\_}\mathrm{b}=\boldsymbol{R}^{UV}\boldsymbol{FL}^D\mathbf{T}\_\mathrm{M}^{tV} \tag{9.8}$$

其中，$\mathbf{T}\_\mathrm{M}^{tV}$ 为从 t 国到 V 国多次跨越边境的交易产品的累计。根据隐含碳排放的跨境次数，本章从后向产业关联角度出发，将某国支付的碳关税总额分为直接关税、间接关税和多重关税。多重关税是指全球产业分工导致 t 国向 V 国出口所隐含的排放量被重复计算的结果。

第三节　美国边境碳调整实证研究

本节根据 2009 年国家间投入产出表，模拟了美国实施边境碳调整并对进口隐含的国外排放征收碳关税的情景。假设碳关税税率为每吨碳 20 美元，这是 Tang 等（2015）研究中规定的最低水平。由式（9.7）可以得到不同国家或地区被征收碳关税的碳排放的规模，结果如图 9.1 所示。

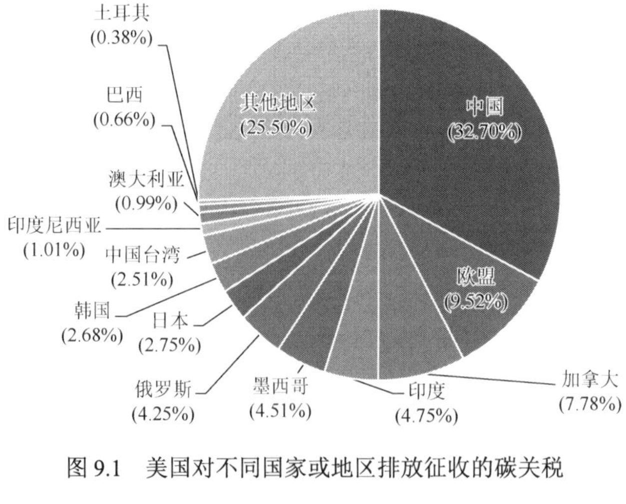

图 9.1　美国对不同国家或地区排放征收的碳关税

图 9.1 刻画了美国征收关税的碳排放的来源地。结果显示，美国的边境碳关税调整主要是针对中国产生的碳排放，份额占 32.70%，其次是欧盟（9.52%）。中国是美国最大的贸易伙伴，碳排放强度相对较大。因此，美国的边境碳调整主要是针对中国产生的碳排放进行征税。这与文献中关于国际贸易导致的碳转移方向主要从美国到中国的观点是一致的（Davis and Caldeira，2010）。美国也对俄罗斯产生的碳排放征收大量的碳关税，尽管美国和俄罗斯之间的直接贸易规模并不大。这是因为俄罗斯是原材料的主要出口国，这些原材料在其他国家进一步加工，最后出口到美国。这显示出美国不仅对各国的碳排放征收直接的碳关税，间接碳关税也占有相当大的比重。接下来，我们采用前向产业关联分析方法，将碳关税分解为直接关税、间接关税和多重关税三部分，如表 9.1 所示。

表 9.1 基于前向产业关联的美国对每个国家或地区征收碳关税分解

国家或地区	DCT_f		ICT_f		MCT_f		加总/万美元
	规模/万美元	占比	规模/万美元	占比	规模/万美元	占比	
澳大利亚	13 801	（59.22%）	9 148	（39.25%）	357	（1.53%）	23 307
巴西	10 713	（68.78%）	4 554	（29.24%）	309	（1.98%）	15 576
加拿大	172 227	（94.40%）	6 778	（3.72%）	3 443	（1.89%）	182 448
中国	634 396	（82.71%）	122 535	（15.98%）	10 077	（1.31%）	767 008
欧盟	141 924	（63.56%）	78 101	（34.98%）	3 254	（1.46%）	223 278
印度尼西亚	15 011	（63.23%）	8 453	（35.60%）	278	（1.17%）	23 741
印度	88 626	（79.49%）	21 529	（19.31%）	1 338	（1.20%）	111 493
日本	41 389	（64.12%）	22 098	（34.24%）	1 058	（1.64%）	64 544
韩国	37 928	（60.28%）	23 924	（38.02%）	1 066	（1.69%）	62 918
墨西哥	101 041	（95.52%）	2 826	（2.67%）	1 911	（1.81%）	105 777
俄罗斯	39 140	（39.25%）	58 538	（58.70%）	2 039	（2.04%）	99 717
土耳其	5 067	（56.92%）	3 683	（41.38%）	152	（1.71%）	8 902
中国台湾	38 394	（65.27%）	19 510	（33.17%）	921	（1.57%）	58 824
其他地区	471 157	（78.78%）	118 075	（19.74%）	8 810	（1.47%）	598 042
加总	1 810 813	（77.20%）	499 752	（21.31%）	35 013	（1.49%）	2 345 577

表 9.1 列出了基于前向产业关联的美国对进口隐含国外碳排放征收碳关税的分解结果。碳排放国直接支付直接碳关税，而间接关税是出口国而不是排放国支

付。直接关税和间接关税均为一次性支付，但多重关税至少由碳排放国或其他国家支付两次。结果显示，直接碳关税的份额相对较大，如加拿大份额为 94.40%。墨西哥和加拿大在前向产业关联下贸易跨境次数较低，意味着这两个国家的出口产品大部分被贸易伙伴直接吸收。因此，美国对墨西哥和加拿大的碳排放征收的直接关税较多。而俄罗斯在前向产业关联下的跨境次数较高，因此美国主要是对俄罗斯产生的碳排放征收间接碳关税（58.70%）。换句话说，针对俄罗斯碳排放征收的关税中，有一半以上是由其他国家支付的。多重关税所占的份额在所有国家或地区中均超过了 1%。之前的研究如果忽略了贸易隐含排放跨境次数的影响，会低估碳关税收入。进一步计算各国向美国缴纳碳关税的规模，结果如图 9.2 所示。

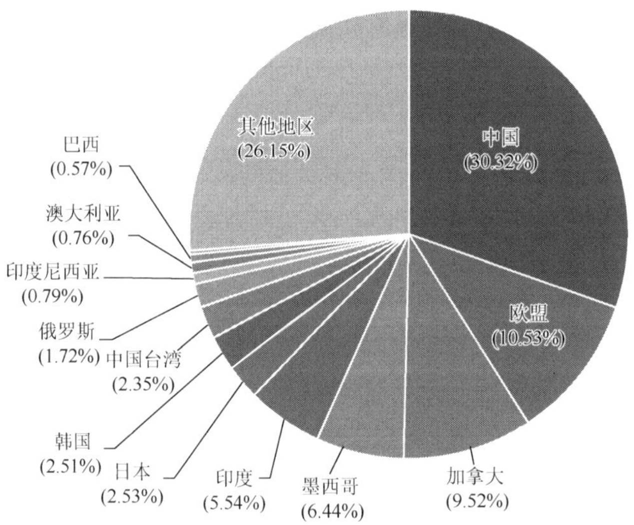

图 9.2　各国家或地区向美国缴纳碳关税的规模

结果显示，美国征收的碳关税收入中，有 30.32%是由中国缴纳的。这意味着美国的碳关税调整对中国的影响最大，其次是欧盟、加拿大和墨西哥。这些国家和地区支付的碳关税占美国的碳关税总收入的一半以上。通过图 9.1 和图 9.2 的比较可以看出，中国支付的碳关税比中国为支持美国进口产品的生产而产生的碳排放对应关税要小。但是，欧盟、加拿大和墨西哥缴纳的碳关税份额要超过基于前向产业关联对应的碳关税份额，即不仅支付了针对国内排放的直接碳关税，还支付了大量针对国外排放的间接碳关税。我们将不同国家或地区缴纳的碳关税负担分解为直接关税、间接关税和多重关税。计算结果如表 9.2 所示。

表 9.2　基于后向产业关联的每个国家或地区支付的碳关税分解

国家或地区	DCT_b		ICT_b		MCT_b		加总/万美元
	规模/万美元	占比	规模/万美元	占比	规模/万美元	占比	
澳大利亚	13 897	(78.46%)	3 816	(21.54%)	1	(0.00%)	17 713
巴西	10 829	(81.44%)	2 466	(18.55%)	1	(0.01%)	13 296
加拿大	173 366	(77.65%)	48 574	(21.76%)	1 329	(0.60%)	223 269
中国	638 185	(89.73%)	72 167	(10.15%)	865	(0.12%)	711 217
欧盟	142 944	(57.89%)	103 947	(42.10%)	43	(0.02%)	246 933
印度尼西亚	15 084	(81.29%)	3 472	(18.71%)	0	(0.00%)	18 556
印度	89 094	(68.59%)	40 699	(31.33%)	109	(0.08%)	129 902
日本	41 740	(70.35%)	17 574	(29.62%)	18	(0.03%)	59 332
韩国	38 276	(65.09%)	20 512	(34.88%)	18	(0.03%)	58 806
墨西哥	101 723	(67.30%)	48 673	(32.20%)	748	(0.49%)	151 143
俄罗斯	39 699	(98.31%)	683	(1.69%)	0	(0.00%)	40 383
土耳其	5 113	(79.46%)	1 322	(20.54%)	0	(0.00%)	6 435
中国台湾	38 710	(70.17%)	16 441	(29.80%)	17	(0.03%)	55 168
其他地区	473 970	(77.27%)	137 598	(22.43%)	1 856	(0.30%)	613 425
加总	1 822 631	(77.71%)	517 942	(22.08%)	5 004	(0.21%)	2 345 577

每个国家或地区都要为出口到美国的产品所隐含的国内碳排放支付直接碳关税。同时，每个国家或地区还需要为出口到美国的产品所隐含的国外碳排放支付间接碳关税。当中间产品多次从一个国家或地区跨越边境进入美国，该国或地区还必须为相关的排放支付多次碳关税。后向产业关联下的多重碳关税反映的是一个国家或地区或不同国家或地区多次缴纳的碳关税。因此，后向产业关联下的多重碳关税比前向关联下的多重碳关税要小。从总量上看，两种分解方法产生的关税总额相同，为 2 345 577 万美元。

不同国家或地区的直接碳关税和间接碳关税所占份额存在显著差异。例如，中国的直接碳关税份额高达 89.10%，而德国缴纳的碳关税中，46.70%的碳关税是针对生产前阶段产生的排放。美国的边境碳调整将促进外国通过直接碳关税来减少本国的碳排放，并通过间接碳关税来鼓励外国进口能源密集度较低的中间产品。换句话说，美国的边境碳关税调整主要影响到中国的生产结构，而对德国的进口结构影响较大。对大多数国家的碳关税而言，间接碳关税占了相当大的比重，这意味着只针对直接排放的碳关税政策可能不能有效地减少其他国家的碳排放，因为它们可以通过进口其他国家的产品来减少碳排放。

在现实世界中，造成多重征税问题的一个原因是，不同国家同时对进口产品征收关税。因此，本节进一步讨论一组国家对其他国家为支持进口产品生产而产生的排放征收碳关税的情景。研究发现随着采用边境碳调整的国家数量增加，多重碳关税的份额明显增长。对于仅美国采用边界碳调整的情景，多重碳关税的份额仅为 1.49%。当美国、德国、日本、法国和韩国同时对进口中隐含的其他国家或地区征收碳关税时，多重碳关税的份额达到 4.24%。在全球产业分工快速发展、越来越多的发达国家考虑实施碳关税的背景下，碳关税的多重征税问题将越来越严重。

第四节 本 章 小 结

本章基于前文定义的贸易隐含碳排放跨境次数，论述了其在碳关税领域的应用。通过分析不同情境下碳关税的征收对象和被征收碳关税的碳排放的来源地，分析了美国征收碳关税对不同地区影响的差异性。基于前向产业关联和后向产业关联，将碳关税分解为直接碳关税、间接碳关税和重复征税部分。研究发现随着实施碳关税政策国家数量的增长，重复征税部分所占的份额在碳关税总额中所占的比重逐渐上升。

未来研究可以将本章提出的分析框架进一步应用于其他数据库。比如，GTAP 数据库和 Eora 数据库包含更多的国家数量，能够更加全面地刻画全球产业分工的情况。本章计算的隐含碳排放跨境次数仍然是基于部门层面的数据，未来研究可以探索基于微观数据计算隐含碳排放跨境次数的方法。本章仅讨论了边境碳调整政策中的出口碳关税政策，本书后续章节将进一步分析隐含碳排放跨境次数对于出口补贴政策的影响。

第十章　产业分工对边境碳调整政策影响：出口视角

边境碳调整政策一般包括碳关税和碳补贴两类，上一章讨论了产业分工对于碳关税政策实施效果的影响，本章在上一章的基础上进一步讨论产业分工对碳补贴政策实施效果的影响。以美国和欧盟为例，本章分别从产业链前向关联和产业链后向关联的角度讨论了贸易隐含排放的跨境次数对针对出口进行碳补贴的影响。我们发现，出口退税主要刺激美国的排放，而中国及其他国家的消费者从边境碳调整中受益。考虑到贸易隐含排放的跨境次数的影响，出口企业获得出口退税增长 1.18%，并且对电气和光学设备行业的影响最为明显。

第一节　边境碳补贴政策研究进展

为了解决竞争力问题和碳泄漏，一些采用单方面气候法规的发达国家正在考虑边境碳调整，如针对具体排放的出口退税。受管制公司支付的排放费可退还给非管制国家。根据世界贸易组织《补贴和反补贴措施协议》，间接退税计划允许免税，减免或递延对出口产品生产中消耗的投入征收的前期累积间接税。全球生产分工意味着中间产品可能会多次跨越国界，因此反复受到边界碳调整的影响。本章首先追踪全球供应链中隐含碳排放，其次讨论出口隐含碳排放跨境次数对出口碳补贴实施效果的影响。

边境碳调整引发了不同国家之间的激烈辩论。支持者认为，边界碳调整可以保护出口商的竞争力。但是，如果出口商获得的退税收入大于其支付的排放费用，则边界调整可被视为不公平的保护主义。当中间产品多次越境时，将重复出口退税。因此，全球产业分工可能对返利收入产生放大效应。出口退税不仅会导致更多的国内排放，而且中间产品的最终消费者也会从出口退税中受益。本章对碳关税进行产业上游和下游分解，并讨论出口退税刺激了谁的排放，以及谁最终从出口退税中受益。

随着全球产业分工的发展，中间产品贸易已成为重要的贸易模式，中间产品贸易占国际贸易的 2/3。研究人员和政策制定者逐渐意识到跨境次数与区域排放量和国际贸易密切相关，是影响贸易政策的重要因素。因此，本章试图从环境政策的角度探讨贸易隐含碳排放的跨境次数的政策含义。欧盟和美国是两个有代表性的地区，它们曾经考虑过边境碳调整（Condon and Ignaciuk，2013）。有关边界碳调整的文献通常着眼于美国和欧盟的潜在边界碳调整（Bao et al.，2013；Fouré et al.，2016；Kuik and Hofkes，2010；Monjon and Quirion，2010）。

本章还与表征生产系统功能和空间碎片的文献紧密相关。例如，Dietzenbacher 等（2005）提出了一种计算生产阶段数量的方法，该方法用于指示全球价值链中的相对位置（Antràs and Chor，2013；Dietzenbacher and Romero，2007；Wang et al.，2017）。本章特别关注生产的空间碎片化，并分析了涉及跨境的跨国生产阶段的数量。本节采用投入产出分析，我们通过分解里昂惕夫逆矩阵来计算贸易隐含碳排放跨境次数，投入产出分析中里昂惕夫逆矩阵被广泛用于计算碳足迹。边境碳调整对生产者和消费者都有影响，因此本章将从生产者和消费者的角度分析边界碳调整。

第二节　基于隐含排放跨境次数的边境碳补贴政策分析框架

根据第九章的计算模型，我们假设国家组 U 对出口到其他国家组 $V(U\cap V=\varnothing)$ 的产品采用碳补贴政策。碳补贴是针对出口 $\text{EEX}=\boldsymbol{FL}^D\boldsymbol{Y}^E+\boldsymbol{FL}^D(\boldsymbol{Z}+\boldsymbol{Z}^2+\cdots)\boldsymbol{Y}$ 中隐含的国内排放。每当产品越过国家组 U 和国家组 V 之间的边界时，出口商就会从政府获得回扣。与第九章类似，我们根据国家组 U 和国家组 V 之间的过境点数量对碳足迹进行分类。我们定义 $\boldsymbol{Z}^{UV}=\begin{bmatrix}\boldsymbol{0} & \boldsymbol{H}_{12}\boldsymbol{A}_{12}\boldsymbol{L}_{22} & \cdots & \boldsymbol{H}_{1G}\boldsymbol{A}_{1G}\boldsymbol{L}_{GG}\\ \boldsymbol{H}_{21}\boldsymbol{A}_{21}\boldsymbol{L}_{11} & \boldsymbol{0} & \cdots & \boldsymbol{H}_{2G}\boldsymbol{A}_{2G}\boldsymbol{L}_{GG}\\ \vdots & \vdots & & \vdots\\ \boldsymbol{H}_{31}\boldsymbol{A}_{31}\boldsymbol{L}_{11} & \boldsymbol{H}_{32}\boldsymbol{A}_{32}\boldsymbol{L}_{22} & \cdots & \boldsymbol{0}\end{bmatrix}$，$\boldsymbol{Y}^{UV}=\begin{bmatrix}\boldsymbol{0} & \boldsymbol{H}_{12}\hat{\boldsymbol{Y}}_{12} & \cdots & \boldsymbol{H}_{1G}\hat{\boldsymbol{Y}}_{1G}\\ \boldsymbol{H}_{21}\hat{\boldsymbol{Y}}_{21} & \boldsymbol{0} & \cdots & \boldsymbol{H}_{2G}\hat{\boldsymbol{Y}}_{2G}\\ \vdots & \vdots & & \vdots\\ \boldsymbol{H}_{G1}\hat{\boldsymbol{Y}}_{G1} & \boldsymbol{H}_{G2}\hat{\boldsymbol{Y}}_{G2} & \cdots & \boldsymbol{0}\end{bmatrix}$（如果 $s\in U$ 并且 $r\in V$，$\boldsymbol{H}_{sr}$ 是一个 $N\times N$ 单位矩阵，否则，$\boldsymbol{H}_{sr}$ 是一个零矩阵）。根据 $\boldsymbol{Y}^E=\boldsymbol{Y}^{UV}+(\boldsymbol{Y}^E-\boldsymbol{Y}^{UV})$，$\boldsymbol{Y}=\boldsymbol{Y}^{UV}+(\boldsymbol{Y}-\boldsymbol{Y}^{UV})$，$\boldsymbol{Z}=\boldsymbol{Z}^{UV}+(\boldsymbol{Z}-\boldsymbol{Z}^{UV})$，我们得到

$$\begin{aligned}\text{EEX}=&\underbrace{\boldsymbol{FL}^D(\boldsymbol{Y}^E-\boldsymbol{Y}^{UV})}_{0}+\underbrace{\boldsymbol{FL}^D(\boldsymbol{M}-\boldsymbol{I})(\boldsymbol{Y}-\boldsymbol{Y}^{UV})}_{0}+\underbrace{\boldsymbol{FL}^D\boldsymbol{M}[\boldsymbol{Y}^{UV}+\boldsymbol{Z}^{UV}\boldsymbol{M}(\boldsymbol{Y}-\boldsymbol{Y}^{UV})]}_{1}\\&+\underbrace{\boldsymbol{FL}^D\boldsymbol{MZ}^{UV}\boldsymbol{M}[\boldsymbol{Y}^{UV}+\boldsymbol{Z}^{UV}\boldsymbol{M}(\boldsymbol{Y}-\boldsymbol{Y}^{UV})]}_{2}+\underbrace{\boldsymbol{FL}^D\boldsymbol{MZ}^{UV}\boldsymbol{MZ}^{UV}\boldsymbol{M}[\boldsymbol{Y}^{UV}+\boldsymbol{Z}^{UV}\boldsymbol{M}(\boldsymbol{Y}-\boldsymbol{Y}^{UV})]}_{3}+\cdots\end{aligned}\tag{10.1}$$

其中，$\boldsymbol{M}=(\boldsymbol{I}-\boldsymbol{Z}+\boldsymbol{Z}^{UV})^{-1}$。如果我们忽略了隐含碳排放跨境次数对边境碳调整的影响，那么碳补贴的数学表达式是

$$R = TFL^{D}M(I - Z^{UV}M)^{-1}Y^{UV} + TFL^{D}MZ^{UV}M(I - Z^{UV}M)^{-1}(Y - Y^{UV}) \quad (10.2)$$

其中，$\boldsymbol{R}$ 为一个 $NG \times G$ 矩阵，代表与一个国家或行业为支持最终消费而产生的排放量对应的碳补贴。当考虑隐含贸易跨境次数的影响，碳补贴的数学表达式为

$$R = TFL^{D}M[(I - Z^{UV}M)^{-1}]^{2}Y^{UV} + TFL^{D}MZ^{UV}M[(I - Z^{UV}M)^{-1}]^{2}(Y - Y^{UV}) \quad (10.3)$$

隐含碳排放跨境次数对出口碳补贴的影响可以通过式（10.2）和式（10.3）之间的差异来评估。本章研究采用的是 WIOD（2013 年发布），该数据库主要关注欧盟地区，涵盖了 27 个欧盟国家和世界上其他 13 个主要国家。此外，WIOD 在 1995～2009 年提供了 35 个部门的碳排放量。本章的实证测算基于 2009 年的投入产出表和环境核算。

第三节　以美国和欧盟为例的边境碳补贴政策实证分析

基于本书前面章节研究内容，将欧盟国家和美国碳排放分解为与贸易无关和与贸易（最终品贸易和中间品贸易）相关的部分，分解结果如表 10.1 所示。

表 10.1　2009 年分解的 27 个欧盟国家和美国的直接排放量

国家	与贸易无关		与贸易相关				汇总/万吨
	规模/万吨	占比	最终品贸易		中间品贸易		
			规模/万吨	占比	规模/万吨	占比	
奥地利	2 246	（46.90%）	622	（13.00%）	1 921	（40.11%）	4 790
比利时	3 322	（36.51%）	1 638	（18.01%）	4 139	（45.49%）	9 099
保加利亚	2 167	（52.02%）	649	（15.58%）	1 350	（32.40%）	4 166
塞浦路斯	552	（82.30%）	54	（8.09%）	65	（9.61%）	671
捷克	5 326	（55.06%）	1 286	（13.30%）	3 062	（31.65%）	9 675
德国	38 350	（60.29%）	8 293	（13.04%）	16 964	（26.67%）	63 606
丹麦	2 212	（28.29%）	1 434	（18.35%）	4 172	（53.36%）	7 817
西班牙	16 289	（70.61%）	2 586	（11.21%）	4 193	（18.18%）	23 068
爱沙尼亚	747	（52.50%）	226	（15.85%）	451	（31.65%）	1 424
芬兰	3 281	（59.49%）	520	（9.43%）	1 715	（31.08%）	5 516
法国	17 569	（67.50%）	3 242	（12.45%）	5 219	（20.05%）	26 030
英国	28 359	（67.17%）	4 276	（10.13%）	9 583	（22.70%）	42 218
希腊	7 845	（83.67%）	497	（5.30%）	1 034	（11.03%）	9 376
匈牙利	2 234	（53.73%）	609	（14.66%）	1 315	（31.62%）	4 159

续表

国家	与贸易无关		与贸易相关				汇总/万吨
			最终品贸易		中间品贸易		
	规模/万吨	占比	规模/万吨	占比	规模/万吨	占比	
爱尔兰	1 595	(57.88%)	422	(15.30%)	739	(26.82%)	2 756
意大利	23 792	(72.26%)	3 820	(11.60%)	5 315	(16.14%)	32 927
立陶宛	591	(51.28%)	152	(13.22%)	409	(35.50%)	1 152
卢森堡	120	(39.41%)	31	(10.36%)	153	(50.23%)	304
拉脱维亚	440	(61.28%)	70	(9.78%)	208	(28.94%)	718
马耳他	153	(61.01%)	30	(11.96%)	68	(27.02%)	251
荷兰	7 005	(42.17%)	3 291	(19.81%)	6 315	(38.02%)	16 611
波兰	18 744	(68.17%)	3 230	(11.75%)	5 521	(20.08%)	27 495
葡萄牙	3 603	(69.06%)	538	(10.32%)	1 076	(20.62%)	5 217
罗马尼亚	5 602	(72.96%)	593	(7.72%)	1 483	(19.32%)	7 678
斯洛伐克	1 460	(44.03%)	496	(14.97%)	1 359	(41.00%)	3 315
斯洛文尼亚	683	(52.36%)	203	(15.54%)	419	(32.10%)	1 304
瑞典	2 188	(46.24%)	595	(12.57%)	1 950	(41.20%)	4 733
美国	374 465	(89.43%)	13 410	(3.20%)	30 866	(7.37%)	418 741
世界	570 942	(74.59%)	52 815	(7.86%)	111 060	(17.55%)	734 817

表 10.1 表明，2009 年全球生产过程中产生的排放量中大约 1/4 是由国际贸易产生的。与欧盟国家相比，美国由国内经济活动引起的排放份额更大。美国 89.43% 的直接排放与国际贸易无关，而是由纯粹的国内经济活动引起的。对于欧盟国家，国际贸易引起的排放份额更大，高于全球平均水平。出口在这些国家的经济中起着重要作用，因此这些国家排放的更多份额用于支持出口产品的生产。例如，丹麦超过 2/3 的碳排放是由出口引起的。表 10.1 进一步将国际贸易分为最终产品贸易和中间产品贸易，并表明中间产品贸易隐含的排放远远大于最终产品贸易。随着全球产业分工的发展，不同的生产阶段分散在不同的国家，中间产品的贸易已成为近年来国际贸易的主要形式。最终品贸易跨越国家边界的次数只有一次，但是中间产品可能会多次跨越国界。本章从隐含排放跨境次数的角度进一步分析欧盟和美国出口隐含碳排放，分析 2009 年国际贸易隐含碳排放量从欧盟和美国转移到其他国家或地区的情况。

2019 年，欧盟产生的碳排放量中的一半是用来支持其他国家或地区的最终消费的。美国的最终消费量相当于欧盟最大的碳排放量（10 097 万吨），其次是中国

（4508 万吨）。美国是欧洲出口隐含碳排放最大的目的地，其次为中国。这两个国家是欧盟最大的两个贸易伙伴，所以碳转移方向与贸易流动方向是一致的。美国出口隐含碳排放的目的地主要是欧盟、加拿大和中国。需要指出的是，欧盟和美国出口商品可能会最终返回到国内，但这种情况所占份额较少。根据出口隐含碳排放的跨境次数，本章将区域间碳转移分成三种类型，分别是跨越边境一次的最终品贸易、跨越边境两次的中间品贸易和跨越边境三次及以上的中间品贸易。随着供应链复杂度的提升，这三种类型碳转移的规模在逐渐减小。

为了阐明碳转移跨境次数在出口补贴中的政策含义，本章假设美国和欧盟将对出口以相同的退税率进行边界碳调整，即受碳减排政策约束国家向不受碳减排政策约束国家出口隐含碳排放的补贴金额为每吨 20 美元。本章先分析了出口隐含的上游碳排放量，并计算了多重碳税补贴对应的份额，计算结果如表 10.2 所示。

表 10.2 出口碳补贴政策的补贴对象及补贴金额

国家	补贴总额/万美元	多重补贴		国家	补贴总额/万美元	多重补贴	
		规模/万美元	份额			规模/万美元	份额
美国	726 449	18 539	2.55%	希腊	17 224	422	2.45%
德国	235 001	5396	2.30%	保加利亚	16 359	381	2.33%
英国	144 512	3120	2.16%	匈牙利	13 785	254	1.84%
意大利	90 848	1670	1.84%	葡萄牙	11 591	236	2.04%
丹麦	88 156	2029	2.30%	斯洛伐克	11 216	253	2.25%
法国	80 226	1609	2.01%	爱尔兰	8505	186	2.18%
荷兰	72 195	1440	1.99%	立陶宛	5745	161	2.80%
波兰	61 680	1270	2.06%	斯洛文尼亚	5505	104	1.90%
西班牙	56 013	1196	2.13%	爱沙尼亚	4283	88	2.06%
比利时	39 422	871	2.21%	拉脱维亚	3540	84	2.37%
瑞典	31 769	815	2.57%	卢森堡	1437	31	2.13%
捷克	25 191	548	2.18%	塞浦路斯	1138	20	1.77%
芬兰	21 836	509	2.33%	马耳他	769	19	2.45%
奥地利	20 896	482	2.31%	总和	1 814 558	42 214	2.33%
罗马尼亚	19 268	484	2.51%				

计算结果表明，美国对应的出口碳补贴金额的规模要大于欧洲国家。首先，美国出口隐含碳排放的规模要大于欧洲；其次，欧洲国家之间贸易隐含碳排放不受碳补贴政策的影响。从欧洲来看，碳补贴政策不仅推动大国碳排放的增长，而且会促进像荷兰这样贸易比较发达的国家的碳排放量。全球产业分工意味着中间品会跨越碳补贴政策实施地区的边界数次，从而导致多重补贴问题。美国碳补贴

总额的 2.55%为多重补贴，这一份额要高于欧盟的 2.17%。多重补贴问题会导致针对边境碳调整政策的争论更加激烈，政策制定者要更加重视碳足迹对应的跨境次数。本章进一步讨论了碳补贴政策对于部门碳排放的影响，计算结果如表 10.3 所示。

表 10.3　针对不同部门碳排放征收的碳关税

部门	补贴总额/万美元	多重补贴		部门	补贴总额/万美元	多重补贴	
		规模/万美元	份额			规模/万美元	份额
C1	39 576	360	0.91%	C19	3 555	70	1.97%
C2	48 606	1 582	3.26%	C20	17 680	392	2.22%
C3	26 446	148	0.56%	C21	6 951	130	1.87%
C4	12 521	131	1.05%	C22	3 156	63	2.00%
C5	748	3	0.47%	C23	126 936	2 991	2.36%
C6	5 675	113	2.00%	C24	178 579	4 194	2.35%
C7	32 124	789	2.46%	C25	162 749	3 182	1.96%
C8	116 223	2 758	2.37%	C26	26 483	632	2.39%
C9	147 834	4 217	2.85%	C27	5 974	132	2.21%
C10	7 146	172	2.41%	C28	7 938	170	2.14%
C11	93 333	1 572	1.68%	C29	1 369	28	2.03%
C12	179 648	5 632	3.14%	C30	30 388	697	2.29%
C13	20 073	298	1.49%	C31	5 174	135	2.60%
C14	14 435	400	2.77%	C32	883	15	1.75%
C15	20 736	322	1.55%	C33	217	3	1.50%
C16	5 706	88	1.54%	C34	9 317	181	1.94%
C17	452 570	10 536	2.33%	C35	1	0	0.17%
C18	3 810	76	2.00%	总和	1 814 558	42 214	2.33%

表 10.3 展示了不同部门隐含在出口中的碳排放对应的碳补贴金额。计算结果表明电力部门（C17）对应的碳补贴金额最高，其次为金属制品行业（C12）和水路运输行业（C24）。在国际贸易中电力贸易并不常见，但是电力是生产其他出口品的重要原材料。在欧洲碳排放交易的第三阶段，电力生产部门不能再免费获得碳配额，因此碳补贴政策需要同时考虑直接排放和间接电力消耗对应的排放。金属制品行业和水路运输行业均与国际贸易密切相关，因此边境碳调整政策对于这

两个部门的碳排放也有非常明显的影响。从部门角度来看，电力部门对应的多重补贴问题最严重，其次为金属制品行业和化工行业 C9。例如，电力部门对应的多重补贴规模占该部门总补贴的份额为 2.33%。多重补贴意味着出口碳补贴率应该略低于碳关税率，避免进一步刺激本国碳排放的增长。

出口碳补贴政策可以通过降低出口品的生产成本使最终消费者获益。本章基于后向产业关联对于出口碳补贴进行分解，分析不同国家或地区消费者通过出口碳补贴政策获得收益的差异性。计算结果如表 10.4 所示。

表 10.4　不同国家或地区消费者获得碳补贴收益金额

国家或地区	补贴总额/万美元	多重补贴	
		规模/万美元	份额
澳大利亚	47 817	1 007	2.11%
巴西	42 800	1 045	2.44%
加拿大	137 917	3 422	2.48%
中国	161 334	4 584	2.84%
欧盟	88 682	1 941	2.19%
印度尼西亚	14 550	342	2.35%
印度	39 444	1 054	2.67%
日本	92 170	2 096	2.27%
韩国	36 438	913	2.51%
墨西哥	81 989	2 083	2.54%
俄罗斯	60 739	1 635	2.69%
土耳其	40 356	843	2.09%
中国台湾	17 890	453	2.53%
美国	98 231	2 416	2.46%
其他地区	854 200	18 381	2.15%
总和	1 814 558	42 214	2.33%

表 10.4 呈现了美国和欧盟采取出口碳补贴的情境下不同国家居民所获得的补偿。计算结果表明，中国消费者获得的补偿规模最高，其次为加拿大。中国从美国和欧盟进口大量的商品，而加拿大从美国进口大量的商品。所以这两个国家的消费者获得的收益最高。出口商品有可能再次回流到国内，所以美国和欧盟的消费者同样会受益于出口碳补贴政策。不同国家消费者获得的补贴收益同样会受到多重补贴问题的影响。中国与欧洲和美国具有更加紧密的贸易关系，

所以中国消费者面临的多重补贴问题更加明显。其他国家消费者也面临着不同程度的多重补贴问题。本章进一步从部门角度分析碳补贴的影响，计算结果如表 10.5 所示。

表 10.5　不同部门消费者获得碳补贴收益金额

部门	补贴总额/万美元	多重补贴		部门	补贴总额/万美元	多重补贴	
		规模/万美元	份额			规模/万美元	份额
C1	48 011	857	1.78%	C19	7 268	168	2.32%
C2	4 862	88	1.82%	C20	56 757	936	1.65%
C3	165 217	2 940	1.78%	C21	30 769	514	1.67%
C4	50 280	1 053	2.10%	C22	29 608	529	1.79%
C5	9 259	247	2.67%	C23	49 779	884	1.78%
C6	1 745	32	1.82%	C24	50 043	387	0.77%
C7	16 505	298	1.80%	C25	40 649	281	0.69%
C8	52 629	1 345	2.56%	C26	9 468	168	1.77%
C9	88 598	1 983	2.24%	C27	18 196	365	2.01%
C10	14 482	394	2.72%	C28	24 991	496	1.99%
C11	7 221	57	0.79%	C29	27 351	424	1.55%
C12	32 649	707	2.17%	C30	32 130	645	2.01%
C13	118 738	4 366	3.68%	C31	83 416	1 553	1.86%
C14	106 745	4 692	4.40%	C32	32 307	566	1.75%
C15	161 724	6 777	4.19%	C33	60 117	1 254	2.09%
C16	35 439	997	2.81%	C34	33 525	615	1.83%
C17	30 985	369	1.19%	C35	69	2	2.72%
C18	283 025	5 227	1.85%	总和	1 814 558	42 214	2.33%

表 10.5 表明建筑部门消费者获得的补贴规模最大，这是由于住房支出在居民消费支出中占有更高的比重，而且建筑业需要消耗大量的钢铁等中间产品。居民消费结构中，交通支出和食品支出也占有非常高的比重，因而这两个部门也对应着较高的补偿收益。而服务消费对应的补偿收益的规模相对较小，因为服务部门对应的碳足迹规模较小。从多重补贴的角度来看，电子产品（C14）消费者面临的多重补贴规模最大，这是由于该部门具有更高的产业分工程度。电子产品消费者面临的多重补贴的规模占总补贴的份额达到 4.40%。政策制定者需要同时考虑前向产业关联和后向产业关联，分析隐含碳排放对应跨境次数对于边境碳调整的影响，尤其是重点关注具有更高产业分工程度的部门。

第四节　本章小结

为了应对单边碳减排政策导致的碳泄漏问题，一些发达国家在考虑实施边境碳调整政策。基于全球多区域投入产出模型，本章分析了美国和欧盟跨境供应链中隐含的碳排放，并基于前向产业关联和后向产业关联对隐含碳排放进行分解。在考虑隐含碳排放跨境次数的基础上，分析了美国和欧盟采取出口碳补贴政策的潜在影响。

美国和欧盟出口隐含碳排放中的中间品贸易占有非常高的份额，而中间品贸易可能会多次跨越边境。因此本章认为出口补贴不仅受隐含碳排放的规模影响，而且与隐含碳排放的跨境次数相关。当中间品多次跨越边境时，有可能会导致多重补贴问题。本章分析的美国和欧盟采取出口碳补贴政策的情境中，多重补贴所占的份额达到2.33%。多重补贴问题会导致针对边境碳调整政策的争论更加激烈，政策制定者需要充分考虑产业分工对于气候变化政策营销效果有效性的影响。此外，通过对前向产业关联和后向产业关联分解，发现出口补贴主要是针对电力生产与供应部门对应的碳排放，建筑行业的消费者获得的补贴金额最大。未来研究可以将本章提出的分析方法进一步应用于分析其他地区或者其他类型低碳政策，另外可以考虑采用其他分析模型对该问题进行更加充分的分析，如可计算一般均衡模型。

第五篇　全球产业分工视角下中国碳排放

第十一章　全球产业分工降低了中国出口隐含碳排放强度

近年来，生产领域国际分工与协作不断深化。一个产品从设计、生产到装配全过程不再局限于一个国家内部，而是有越来越多的国家共同参与到该过程中。例如，中国凭借低廉的劳动力成了世界加工和组装中心，加工贸易占中国贸易比重一度超过了一半。生产全球化为发展中国家融入全球价值链创造了机会，但也引发了对于发展中国家出口隐含排放快速增长的担忧。本章基于一个新构建的多区域投入产出表（考虑了贸易异质性和区域异质性），采用了一种新的隐含排放核算框架（兼顾了 EEBT 和 MRIO 两种核算方法的优势）对 2012 年中国出口隐含碳排放（区分了隐含国内排放和隐含国外排放）进行了重新核算。我们的研究表明：中国加工出口的碳强度低于普通出口的碳强度。如果忽略贸易异质性的影响，那么中国出口中隐含的国内排放量将被高估 23.4%，而中国出口中隐含的国外排放量将被低估 29.3%。如果全球价值链的参与度每增加 0.1（范围 0～1），出口碳强度就降低 11.7%。根据比较优势理论，发展中国家专业化于相对碳强度较低的生产环节，与构建完整的产业链相比可以产生更大的环境效益。但是，近年来逆全球化潮流不断涌现，重构全球价值链不仅会造成额外碳排放的增长，而且各个国家不得不从事自己并不具备比较优势的生产环节，为实现全球碳减排目标实现带来压力。

第一节　全球产业分工与中国出口隐含碳排放

生产全球化使得发展中国家可以通过贸易活动参与到全球生产网中。然而，随着发展中国家出口隐含碳排放的增加（Davis and Caldeira，2010；Meng et al.，2018b；Peters et al.，2011），人们开始担心发展中国家的高排放强度可能会导致全球产业分工促进全球碳排放增长。根据比较优势理论（Costinot and Donaldson，2012；Pethig，1976），即每个国家集中生产并出口具有比较优势的产品，发展中国家通过专业化于碳排放强度相对较低的生产环节（Su et al.，2013；Zhang et al.，2019），比构建完整的产业链具有更大的经济和环境效益。本章通过分析全球产业分工对于发展中国家出口隐含碳排放强度的影响，探讨全球产业分工是否导致环境污染加重的难题（Liu et al.，2016a）。

本节研究问题对于分析全球产业分工的环境效应有重要的政策意义。近年来，生产系统呈现碎片化趋势，分布到不同国家（Timmer et al.，2014）。发展中国家凭借低价的劳动力，主要专业化于他们具有比较优势的劳动密集型生产环节，而其余生产环节在产业链的上游或者下游地区完成。然而，目前的世界经济形势处于去全球化时期。经济周期研究所通过比较世界贸易和国内生产总值增长速度的差异去度量全球化程度，并发现从 2011 年开始逐步形成结构性的去全球化形势。在经济逆全球化的进程中，具有更高碳排放强度的发展中国家需要各自重建完整的供应链，相应的全球排放量可能也会明显增加。

现有文献已经发现贸易隐含碳排放从发展中国家流向发达国家的趋势（Davis et al.，2011；Peters et al.，2011）。中国是最大的碳排放国，同时也是最大的隐含碳排放净出口国（Peters et al.，2011）。然而，这一现象可能是巨额贸易顺差导致的，并且不能作为新兴国家专业化于碳密集行业生产的直接证据（Jakob and Marschinski，2013）。中国作为世界的生产工厂，主要通过专业化于装配制造业进行加工出口贸易。经营企业进口全部或者部分中间产品，经加工或装配后，将制成品再出口到国际市场（Yang et al.，2015）。例如，外国中间投入占中国出口的苹果手机总价值的比重超过 95%。国内中间投入在一般出口生产中占比很高，并且现有文献已经发现加工出口相比于一般出口活动产生更少的排放物（Jiang et al.，2015a；Zhang et al.，2019；Su et al.，2013；Xia et al.，2015；Dietzenbacher et al.，2012）。本章从以下几个角度对现有相关文献进行进一步完善。

首先，本章同时考虑了出口活动中隐含的国内排放和国外排放，以全面衡量中国出口活动对环境的影响。2012 年加工类出口占中国出口总量的 42.11%，其中电子设备部门占比最大。已有相关研究主要针对中国出口活动中隐含的国内碳排放量，很少有研究区分中国代工出口与普通出口中隐含的国外排放量的差异，这使得全球产业分工对于中国出口活动隐含碳排放强度的影响有待进一步探讨，并且这一问题对于将全球生产网络最优化有重要的政策意义。近年来，国际贸易不确定性的增加已经威胁到全球碳流动网络的稳定。中国作为世界最大的隐含碳排放净出口国，在全球碳流动网络中发挥了重要作用。中国出口的波动不仅会影响到国内排放量，同时也会影响到上游投入供应者的二氧化碳排放。例如，2019 年中美贸易持续的紧张局势，不仅影响中国出口的制造产品，而且会降低从别国进口上游生产材料。本章突破了原有局限于一个国家内的限制，分析了全球产业分工背景下中国贸易活动减少对隐含碳排放影响的溢出效应。

其次，贸易异质性（Dietzenbacher et al.，2012）在核算中国出口中隐含的碳排放量方面有显著影响，空间异质性也是如此（Su and Ang，2010）。中国各省份在贸易开放方面差异悬殊，沿海地区密切参与到全球供应链中，2012 年超过 80% 的中国加工出口发生在沿海省份。内陆地区的出口规模相对较小，而且这些地区的出口主要表现为一般出口的形式。已有研究表明空间异质性和贸易异质性在计算中国出口隐含的碳排放量方面有重要影响。本章综合考虑空间异质性和贸易异质性，定量分析省级层面中国出口隐含碳排放。研究结果有助于政策制定者理解中国的气候-贸易难题，以寻求恰当机遇去解决这一难题。

再次，本章以 2012 年作为研究年份，建立了国家间投入产出数据库。该数据库主要基于全球投入产出表（Timmer et al.，2015）和中国省级投入产出表，总共包含 73 个国家或地区。通过该数据库可以分析省际出口过程中隐含碳排放的源头和终点。在研究方法层面，现有的两种主要方法可以基于多区域投入产出分析计算出国际贸易给环境带来的影响。其中，第一种方法检验了两区域间双边贸易隐含排放；第二种方法主要考虑最终消费，且内生决定了中间消费贸易（Peters，2008）。MRIO 有反映国际反馈效应的优势，然而传统的多区域投入产出法未能直接刻画出生产全球化给环境带来的影响。为了解决这一问题，本章采用扩展的多区域投入产出法，该方法拆解了里昂惕夫逆矩阵。扩展的多区域投入产出法不但涉及区域间的反馈效应，还可以从国内外两个角度来追溯国内外省级出口中隐含的碳排放。

最后，本章模拟了全球价值链参与度和出口活动碳强度的关系。

第二节　全球产业分工对出口碳强度影响分析框架

假设存在 m 个地区，且每个地区有 n 个部门。$\boldsymbol{Y}=\begin{bmatrix}\boldsymbol{Y}_{11} & \boldsymbol{Y}_{12} & \cdots & \boldsymbol{Y}_{1m}\\ \boldsymbol{Y}_{21} & \boldsymbol{Y}_{22} & \cdots & \boldsymbol{Y}_{2m}\\ \vdots & \vdots & & \vdots\\ \boldsymbol{Y}_{m1} & \boldsymbol{Y}_{m2} & \cdots & \boldsymbol{Y}_{mm}\end{bmatrix}$ 为不同地区间最终品贸易流动。$\boldsymbol{A}=\begin{bmatrix}\boldsymbol{A}_{11} & \boldsymbol{A}_{12} & \cdots & \boldsymbol{A}_{1m}\\ \boldsymbol{A}_{21} & \boldsymbol{A}_{22} & \cdots & \boldsymbol{A}_{2m}\\ \vdots & \vdots & & \vdots\\ \boldsymbol{A}_{m1} & \boldsymbol{A}_{m2} & \cdots & \boldsymbol{A}_{mm}\end{bmatrix}$ 为直接投入系数矩阵。根据里昂惕夫模型（Leontief，1936），最终产出矩阵 $\boldsymbol{X}$ 为

$$\boldsymbol{X}=(\boldsymbol{I}-\boldsymbol{A})^{-1}\boldsymbol{Y} \tag{11.1}$$

里昂惕夫逆矩阵为 $\boldsymbol{B}=(\boldsymbol{I}-\boldsymbol{A})^{-1}$。$\boldsymbol{F}$ 为排放系数矩阵；$\boldsymbol{V}$ 为增加值稀疏矩阵。最终需求所导致的碳排放计算公式为

$$\boldsymbol{E}=\boldsymbol{FBY} \tag{11.2}$$

根据里昂惕夫逆矩阵 $\boldsymbol{B}$ 的定义，我们可以得到 $(\boldsymbol{I}-\boldsymbol{A})\boldsymbol{B}=\boldsymbol{I}$。定义 $\boldsymbol{A}^{D}=$

$\begin{bmatrix} \boldsymbol{A}_{11} & \boldsymbol{0} & \cdots & \boldsymbol{0} \\ \boldsymbol{0} & \boldsymbol{A}_{22} & \cdots & \boldsymbol{0} \\ \vdots & \vdots & & \vdots \\ \boldsymbol{0} & \boldsymbol{0} & \cdots & \boldsymbol{A}_{mm} \end{bmatrix}$ 为单位产出对本国中间投入需求系数矩阵；$\boldsymbol{A}^E = \begin{bmatrix} \boldsymbol{0} & \boldsymbol{A}_{12} & \cdots & \boldsymbol{A}_{1m} \\ \boldsymbol{A}_{21} & \boldsymbol{0} & \cdots & \boldsymbol{A}_{2m} \\ \vdots & \vdots & & \vdots \\ \boldsymbol{A}_{m1} & \boldsymbol{A}_{m2} & \cdots & \boldsymbol{0} \end{bmatrix}$ 为单位产出对国外中间投入需求系数矩阵。通过将公式 $(\boldsymbol{I}-\boldsymbol{A})\boldsymbol{B}=\boldsymbol{I}$ 中的 $\boldsymbol{A}$ 替换为 $\boldsymbol{A}_D+\boldsymbol{A}_E$，我们得到

$$(\boldsymbol{I}-\boldsymbol{A}_D)\boldsymbol{B}-\boldsymbol{A}_E\boldsymbol{B}=\boldsymbol{I} \tag{11.3}$$

我们定义本地区里昂惕夫逆矩阵为 $\boldsymbol{L}=(\boldsymbol{I}-\boldsymbol{A}_D)^{-1}$。在式（11.3）左右两边同时乘以 $\boldsymbol{L}$，我们得到

$$\boldsymbol{B}-\boldsymbol{L}\boldsymbol{A}_E\boldsymbol{B}=\boldsymbol{L} \tag{11.4}$$

通过变形，我们得到 $\boldsymbol{B}=\boldsymbol{L}+\boldsymbol{L}\boldsymbol{A}_E\boldsymbol{B}$。根据式（11.2），得到

$$\begin{aligned} \boldsymbol{E} &= \boldsymbol{F}(\boldsymbol{L}+\boldsymbol{L}\boldsymbol{A}_E\boldsymbol{B})\boldsymbol{Y} \\ &= \boldsymbol{F}(\boldsymbol{L}+\boldsymbol{L}\boldsymbol{A}_E\boldsymbol{L}+\boldsymbol{L}\boldsymbol{A}_E\boldsymbol{L}\boldsymbol{A}_E\boldsymbol{B})\boldsymbol{Y} \\ &= \boldsymbol{F}(\boldsymbol{L}+\boldsymbol{L}\boldsymbol{A}_E\boldsymbol{L}+\boldsymbol{L}\boldsymbol{A}_E\boldsymbol{L}\boldsymbol{A}_E\boldsymbol{L}+\boldsymbol{L}\boldsymbol{A}_E\boldsymbol{L}\boldsymbol{A}_E\boldsymbol{L}\boldsymbol{A}_E\boldsymbol{L}+\cdots)\boldsymbol{Y} \end{aligned} \tag{11.5}$$

定义 $\boldsymbol{U}=\boldsymbol{A}_E\boldsymbol{L}$ 为单位产出仅通过本国产业链对国外产品的拉动作用，我们得到

$$\boldsymbol{E}=\boldsymbol{F}\boldsymbol{L}(\boldsymbol{I}+\boldsymbol{U}+\boldsymbol{U}^2+\cdots)\boldsymbol{Y} \tag{11.6}$$

式（11.6）反映了全球产业分工的一个重要特征，即中间品产品多次跨越国家界限。$\boldsymbol{F}\boldsymbol{L}\boldsymbol{U}^k\boldsymbol{Y}$ 为供应链中隐含的排放，且贸易产品跨越边境 k 次。$\boldsymbol{Y}^{rs}=\begin{bmatrix} \boldsymbol{Y}_{11,rs} & \boldsymbol{Y}_{12,rs} & \cdots & \boldsymbol{Y}_{1m,rs} \\ \boldsymbol{Y}_{21,rs} & \boldsymbol{Y}_{22,rs} & \cdots & \boldsymbol{Y}_{2m,rs} \\ \vdots & \vdots & & \vdots \\ \boldsymbol{Y}_{m1,rs} & \boldsymbol{Y}_{m2,rs} & \cdots & \boldsymbol{Y}_{mm,rs} \end{bmatrix}$（如果 $r=i$ 且 $s=j$，$\boldsymbol{Y}_{ij,rs}=\boldsymbol{Y}_{ij}$；否则，$\boldsymbol{Y}_{ij,rs}=\boldsymbol{0}$）反映了区域 r 到区域 s 的最终品贸易矩阵。$\boldsymbol{U}^{rs}=\begin{bmatrix} \boldsymbol{0} & \boldsymbol{A}_{12,rs}\boldsymbol{L}_2 & \cdots & \boldsymbol{A}_{1m,rs}\boldsymbol{L}_m \\ \boldsymbol{A}_{21,rs}\boldsymbol{L}_1 & \boldsymbol{0} & \cdots & \boldsymbol{A}_{2m,rs}\boldsymbol{L}_m \\ \vdots & \vdots & & \vdots \\ \boldsymbol{A}_{m1,rs}\boldsymbol{L}_1 & \boldsymbol{A}_{m2,rs}\boldsymbol{L}_2 & \cdots & \boldsymbol{0} \end{bmatrix}$（如果 $r=i$ 且 $s=j$，$\boldsymbol{A}_{ij,rs}=\boldsymbol{A}_{ij}$；否则，$\boldsymbol{A}_{ij,rs}=\boldsymbol{0}$）为区域 r 到区域 s 的中间品贸易矩阵。根据式（11.6），与区域 r 出口到区域 s 的贸易无关的隐含碳排放为

$$\boldsymbol{E}^{rs*}=\boldsymbol{FL}[\boldsymbol{I}+(\boldsymbol{U}-\boldsymbol{U}^{rs})+(\boldsymbol{U}-\boldsymbol{U}^{rs})^2+\cdots](\boldsymbol{Y}-\boldsymbol{Y}^{rs}) \tag{11.7}$$

则区域r到区域s贸易隐含排放为

$$\boldsymbol{E}^{rs}=\boldsymbol{E}-\boldsymbol{E}^{rs*} \tag{11.8}$$

虽然式（11.8）很直观，但是我们不能直接应用该公式计算区域r到区域s的贸易隐含排放，因为公式的项数为无限个。通过合并同类项[①]，我们得到

$$\boldsymbol{E}^{rs}=\boldsymbol{FL}(\boldsymbol{I}-\boldsymbol{MU}^{rs})^{-1}[\boldsymbol{MU}^{rs}\boldsymbol{MY}+\boldsymbol{M}(\boldsymbol{I}-\boldsymbol{U}^{rs}\boldsymbol{M})\boldsymbol{Y}^{rs}] \tag{11.9}$$

其中，$\boldsymbol{M}=(\boldsymbol{I}-\boldsymbol{U}+\boldsymbol{U}^{rs})^{-1}$。本书基于式（11.9）计算区域$r$出口隐含的碳排放。

区域r每个部门的生产活动可以分为两类：普通生产活动（O）和为加工出口进行的生产活动（P）。则从区域r到区域s的最终品贸易矩阵为$\boldsymbol{Y}_{rs}=\begin{bmatrix}\boldsymbol{Y}_{rs}^{P}\\ \boldsymbol{Y}_{rs}^{O}\end{bmatrix}$。从区域$r$到区域$s$的直接中间投入系数矩阵为$\boldsymbol{A}_{rs}=\begin{bmatrix}\boldsymbol{A}_{rs}^{P}\\ \boldsymbol{A}_{rs}^{O}\end{bmatrix}$。$\boldsymbol{Y}^{rs_P}=\begin{bmatrix}\boldsymbol{W}_{11}\boldsymbol{Y}_{11} & \boldsymbol{W}_{12}\boldsymbol{Y}_{12} & \cdots & \boldsymbol{W}_{1m}\boldsymbol{Y}_{1m}\\ \boldsymbol{W}_{21}\boldsymbol{Y}_{21} & \boldsymbol{W}_{22}\boldsymbol{Y}_{22} & \cdots & \boldsymbol{W}_{2m}\boldsymbol{Y}_{2m}\\ \vdots & \vdots & & \vdots\\ \boldsymbol{W}_{m1}\boldsymbol{Y}_{m1} & \boldsymbol{W}_{m2}\boldsymbol{Y}_{m2} & \cdots & \boldsymbol{W}_{mm}\boldsymbol{Y}_{mm}\end{bmatrix}$（如果$r=i$且$s=j$，$\boldsymbol{W}_{ij}=\begin{bmatrix}\boldsymbol{I} & \boldsymbol{0}\\ \boldsymbol{0} & \boldsymbol{0}\end{bmatrix}$；否则，$\boldsymbol{W}_{ij}=\begin{bmatrix}\boldsymbol{0} & \boldsymbol{0}\\ \boldsymbol{0} & \boldsymbol{0}\end{bmatrix}$）为区域$r$到$s$的最终品加工出口。$\boldsymbol{Y}^{rs\_O}=\begin{bmatrix}\boldsymbol{W}_{11}\boldsymbol{Y}_{11} & \boldsymbol{W}_{12}\boldsymbol{Y}_{12} & \cdots & \boldsymbol{W}_{1m}\boldsymbol{Y}_{1m}\\ \boldsymbol{W}_{21}\boldsymbol{Y}_{21} & \boldsymbol{W}_{22}\boldsymbol{Y}_{22} & \cdots & \boldsymbol{W}_{2m}\boldsymbol{Y}_{2m}\\ \vdots & \vdots & & \vdots\\ \boldsymbol{W}_{m1}\boldsymbol{Y}_{m1} & \boldsymbol{W}_{m2}\boldsymbol{Y}_{m2} & \cdots & \boldsymbol{W}_{mm}\boldsymbol{Y}_{mm}\end{bmatrix}$（如果$r=i$且$s=j$，$\boldsymbol{W}_{ij}=\begin{bmatrix}\boldsymbol{0} & \boldsymbol{0}\\ \boldsymbol{0} & \boldsymbol{I}\end{bmatrix}$；否则，$\boldsymbol{W}_{ij}=\begin{bmatrix}\boldsymbol{0} & \boldsymbol{0}\\ \boldsymbol{0} & \boldsymbol{0}\end{bmatrix}$）为区域$r$到区域$s$最终品普通出口。$\boldsymbol{U}^{rs\_P}=\begin{bmatrix}\boldsymbol{0} & \boldsymbol{W}_{12}\boldsymbol{A}_{12}\boldsymbol{L}_2 & \cdots & \boldsymbol{W}_{1m}\boldsymbol{A}_{1m}\boldsymbol{L}_m\\ \boldsymbol{W}_{21}\boldsymbol{A}_{21}\boldsymbol{L}_1 & \boldsymbol{0} & \cdots & \boldsymbol{W}_{2m}\boldsymbol{A}_{2m}\boldsymbol{L}_m\\ \vdots & \vdots & & \vdots\\ \boldsymbol{W}_{m1}\boldsymbol{A}_{m1}\boldsymbol{L}_1 & \boldsymbol{W}_{m2}\boldsymbol{A}_{m2}\boldsymbol{L}_2 & \cdots & \boldsymbol{0}\end{bmatrix}$（如果$r=i$且$s=j$，$\boldsymbol{W}_{ij}=\begin{bmatrix}\boldsymbol{I} & \boldsymbol{0}\\ \boldsymbol{0} & \boldsymbol{0}\end{bmatrix}$；否则，$\boldsymbol{W}_{ij}=\begin{bmatrix}\boldsymbol{0} & \boldsymbol{0}\\ \boldsymbol{0} & \boldsymbol{0}\end{bmatrix}$）为区域$r$到区域$s$中间品加工出口。

---

① $$\begin{aligned}\boldsymbol{E}^{rs}&=\boldsymbol{FL}(\boldsymbol{I}+\boldsymbol{U}+\boldsymbol{U}^2+\cdots)\boldsymbol{Y}^{rs}+\boldsymbol{FL}(\boldsymbol{I}+\boldsymbol{U}+\boldsymbol{U}^2+\cdots)(\boldsymbol{Y}-\boldsymbol{Y}^{rs})-\boldsymbol{FL}[\boldsymbol{I}+(\boldsymbol{U}-\boldsymbol{U}^{rs})+(\boldsymbol{U}-\boldsymbol{U}^{rs})^2+\cdots](\boldsymbol{Y}-\boldsymbol{Y}^{rs})\\&=\boldsymbol{FL}\{\boldsymbol{I}+[(\boldsymbol{U}-\boldsymbol{U}^{rs})+\boldsymbol{U}^{rs}]+[(\boldsymbol{U}-\boldsymbol{U}^{rs})+\boldsymbol{U}^{rs}]^2+\cdots\}\boldsymbol{Y}^{rs}+\boldsymbol{FL}\{\boldsymbol{U}^{rs}+[(\boldsymbol{U}-\boldsymbol{U}^{rs})+\boldsymbol{U}^{rs}]^2-(\boldsymbol{U}-\boldsymbol{U}^{rs})^2+\cdots\}(\boldsymbol{Y}-\boldsymbol{Y}^{rs})\\&=\boldsymbol{FL}(\boldsymbol{M}+\boldsymbol{MU}^{rs}\boldsymbol{M}+\boldsymbol{MU}^{rs}\boldsymbol{MU}^{rs}\boldsymbol{M}+\cdots)\boldsymbol{Y}^{rs}+\boldsymbol{FL}(\boldsymbol{MU}^{rs}\boldsymbol{M}+\boldsymbol{MU}^{rs}\boldsymbol{MU}^{rs}\boldsymbol{M}+\cdots)(\boldsymbol{Y}-\boldsymbol{Y}^{rs})\\&=\boldsymbol{FL}(\boldsymbol{I}-\boldsymbol{MU}^{rs})^{-1}\boldsymbol{MY}^{rs}+\boldsymbol{FL}(\boldsymbol{I}-\boldsymbol{MU}^{rs})^{-1}\boldsymbol{MU}^{rs}\boldsymbol{M}(\boldsymbol{Y}-\boldsymbol{Y}^{rs})\\&=\boldsymbol{FL}(\boldsymbol{I}-\boldsymbol{MU}^{rs})^{-1}[\boldsymbol{MU}^{rs}\boldsymbol{MY}+\boldsymbol{M}(\boldsymbol{I}-\boldsymbol{U}^{rs}\boldsymbol{M})\boldsymbol{Y}^{rs}]\end{aligned}$$

$$U^{rs\_O}=\begin{bmatrix} \boldsymbol{0} & W_{12}A_{12}L_2 & \cdots & W_{1m}A_{1m}L_m \\ W_{21}A_{21}L_1 & \boldsymbol{0} & \cdots & W_{2m}A_{2m}L_m \\ \vdots & \vdots & & \vdots \\ W_{m1}A_{m1}L_1 & W_{m2}A_{m2}L_2 & \cdots & \boldsymbol{0} \end{bmatrix}$$（如果 $r=i$ 且 $s=j$，$W_{ij}=\begin{bmatrix} \boldsymbol{0} & \boldsymbol{0} \\ \boldsymbol{0} & \boldsymbol{I} \end{bmatrix}$；

否则，$W_{ij}=\begin{bmatrix} \boldsymbol{0} & \boldsymbol{0} \\ \boldsymbol{0} & \boldsymbol{0} \end{bmatrix}$）为区域 r 到区域 s 中间品普通出口。通过将式（11.9）中的 Y^{rs} 和 U^{rs} 替换为 Y^{rs_P} 和 U^{rs_P}，我们可以计算区域 r 加工出口隐含的碳排放。通过将式（11.9）中的 Y^{rs} 和 U^{rs} 替换为 Y^{rs_O} 和 U^{rs_O}，我们可以计算区域 r 普通出口隐含的碳排放。

将式（11.9）中的 F 替换为 V，得到区域 r 到区域 s 出口隐含的增加值 V^{rs}。

$$V^{rs}=VL(I-MU^{rs})^{-1}[MU^{rs}MY+M(I-U^{rs}M)Y^{rs}] \tag{11.10}$$

区域 r 到区域 s 在部门 h 出口隐含的增加值为 $V^{rs,h}$。将 $V^{rs,h}$ 分解为两部分 $V_D^{rs,h}$ 和 $V_E^{rs,h}$，且满足 $V^{rs,h}=V_D^{rs,h}+V_F^{rs,h}$。$V_D^{rs,h}$ 为区域 r 的增加值隐含在区域 r 到区域 s 在部门 h 的出口。定义 p 是一个 $1\times mn$ 求和向量，且 q 为 $m\times 1$ 的求和向量。则区域 r 的部门 h 参与全球产出分工的参与度的测算公式为（Yi，2003；Hummels et al.，2001）。

$$G^{r\_h}=\frac{\sum_s pV_E^{rs,h}q}{\sum_s pV^{rs,h}q} \tag{11.11}$$

隐含在区域 r 部门 h 出口碳排放的规模为 $\sum_s pE^{rs,h}wq$，除以出口规模得到出口隐含碳排放强度 C^{r_h}。本书采用截面回归分析，估计全球产业分工的参与度与出口碳排放强度的相关关系，计算公式如下：

$$\ln C^{r\_h}=\beta_0+\beta_1 G^{r\_h}+\beta_s+\beta_r+\mu_{sr} \tag{11.12}$$

其中，β_0 为固定效应；β_1 为出口碳排放强度随着全球产业分工参与度变化的半弹性系数；β_s 为部门固定效应；β_r 为区域固定效应；μ_{sr} 为随机误差项。

第三节　全球产业分工与中国出口隐含碳排放强度

2012 年中国出口中隐含碳排放量可达 20.18 亿吨。中国在生产出口产品时产生了 17.01 亿吨碳排放。同时，外国为满足中国出口产品生产需求，在生产中间投入产品时产生了 3.16 亿吨碳排放。2012 年中国出口活动中隐含的二氧化碳排放量与法国燃料燃烧产生的碳排放物相当。在 2012 年，广东省因出口产生了 2.06 亿吨碳排放，成了中国出口中隐含排放的最大来源地，其次是江苏省

（1.82 亿吨）和山东省（1.53 亿吨）。中国出口中隐含的韩国碳排放量最大，为 0.23 亿吨，其次是中国台湾地区（0.20 亿吨）和美国（0.18 亿吨）。中国出口的工业品隐含的碳排放物占比最大。例如，电子产品出口中隐含的国内碳排放达到 2.32 亿吨，国外碳排放达到 0.94 亿吨。本节进一步计算了在不考虑贸易异质性和区域差异性的条件下中国出口隐含碳排放。计算结果见图 11.1。

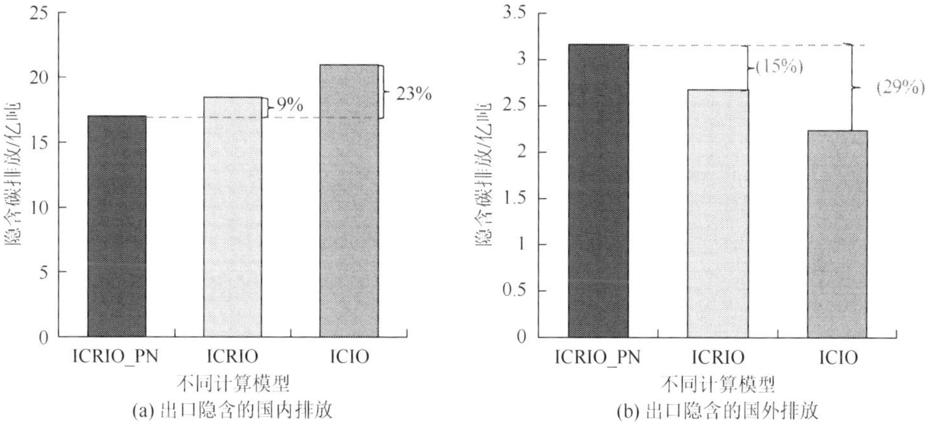

图 11.1　中国出口隐含碳排放计算结果对比

ICIO 表示跨国投入产出模型，ICRIO 在 ICIO 基础上考虑了中国省级区域的异质性，ICRIO_PN 在 ICRIO 的基础上考虑了普通和代工出口的区域异质性

尽管现有研究表明在未考虑贸易异质性的情况下会导致中国出口隐含国内碳排放被高估，但仍未有研究区分中国一般出口和加工出口隐含国外碳排放的差异。图 11.1 展示了在不考虑贸易异质性的前提下，中国出口隐含的国内排放将会被高估 9%，国外排放将会被低估 15%。若不考虑区域差异性和贸易异质性，中国出口的国内排放将会被高估 23%，国外排放会被低估 29%。其中江苏省和广东省出口中隐含的国内碳排放的高估值分别可达 0.51 亿吨和 0.26 亿吨。此外，江苏省和广东省出口中隐含的其他省份的碳排放量的高估值分别为 0.19 亿吨和 0.09 亿吨。参与加工出口活动的经营企业主要来自工业部门。电子设备出口中隐含的国内碳排放被高估的最多，为 0.08 亿吨，其次是电气机械及器材制造业的出口和金属制造业的出口。

在 2012 年，世界规模最大的贸易隐含碳排放流动为从中国向美国的碳转移，其次是中国向欧洲国家的碳转移。中国向美国和欧洲转移的碳分别可达 2.74 亿吨和 2.75 亿吨。如果不考虑贸易异质性的影响，中国向美国和欧洲转移的碳分别会被高估 27.9%和 20.0%。发达国家是中国加工出口的主要目的地，因此从中国向发达国家通过贸易隐含碳排放被高估的情况是很严重的。例如，中国向日本碳转移被高估了 28.6%。此外，贸易异质性对于计算中国向俄罗斯、印度和巴西等发展中国家的碳转移的影响不明显。中国向俄罗斯的碳转移的高估程度最低，仅有 5.6%。通过参与全球生产网，中国出口生产活动中的排放量有所降低。传统的投入产出模型需满足同质性假设，这会高估中国加工出口隐含的碳排放。

中国在起源于邻近国家或地区的贸易隐含碳排放转移中起到重要作用。例如，从韩国总计有 0.31 亿吨碳流向美国，其中 16.26%的碳转移与中国的出口相关。中国也积极参与到起源于日本、韩国和澳大利亚等国家的贸易隐含碳转移中。这些国家或地区均是中间投入的重要供应者，中国将中间投入加工之后再出口。韩国、日本是支撑中国加工出口行业的重要中间投入供应者。因此，源自这两个国家的贸易隐含碳转移的低估程度更高。与中国出口相关的韩国向日本的贸易隐含碳排放的低估程度可达 55.9%。因此，贸易异质性的忽略会低估中国出口对于全球贸易隐含碳转移的影响，尤其是韩国、日本。随着不同地区之间的经济联系变得逐渐密切，中国的经济波动可能沿供应链扩散并且威胁到全球生产网，考虑中国出口中向外国排放的溢出效应变得越来越重要。

在 2012 年，中国出口隐含的国内碳排放中的 79.3%与普通出口相关，而隐含的国外碳排放中的 58.8%与加工出口相关。表 11.1 中为普通和加工出口中隐含国内碳排放中排名前五的省市和部门。

表 11.1　普通和加工出口隐含国内碳排放

出口方式	省市	出口隐含排放/万吨	部门	出口隐含排放/万吨
普通出口	广东	26 562	金属制品	25 885
	江苏	18 863	纺织品	13 063
	浙江	17 118	化工产品	11 814
	山东	13 382	一般设备	11 401
	上海	11 824	交通运输	11 149
加工出口	江苏	8 688	电子设备	15 003
	广东	8 552	运输设备	3 786
	上海	5 025	电气设备	3 605
	山东	3 264	金属制品	3 009
	浙江	1 681	化工产品	2 641

中国在贸易开放程度方面表现出较大的省份差异。沿海的省份与其他省份相

比，通常以更直接的形式参与到全球生产网中，且2012年沿海省份在中国加工出口中占比超过80%。其中五个占比最大的省份都位于沿海区域，且其出口隐含碳排放占中国出口隐含国内碳排放的比例达到66.5%，广东的一般出口隐含碳排放规模最大。占比最大的五个省份的普通出口隐含的排放物规模要高于加工出口中隐含碳排放的规模。此外，加工出口相比于普通出口在国内出口碳排放物中占比更低。金属产品的生产过程中有更高的碳强度，其普通出口在国内出口排放物中的占比最大，而加工出口对应的碳排放强度相比较低。电子产品的加工出口在中国加工出口中占比超过一半，在加工出口隐含的国内排放量中占比也是最大。电气设备出口隐含国内碳排放强度较低，这甚至要低于纺织品部门的普通出口对应的碳排放强度。

中国出口隐含的国外碳排放量占比排名前五的省市合计78.5%。如表11.2所示，广东的加工出口对应最大规模的隐含国外碳排放。加工出口隐含国外碳排放强度要高于普通出口隐含国外碳排放强度。广东普通出口隐含国外碳排放强度低于加工出口隐含国外碳排放强度。电子设备的加工出口隐含国外碳排放的规模最大。虽然加工出口中隐含的国外排放量要高于普通出口，但普通出口隐含的国内和国外排放总和与出口量的比率仍要高于加工出口。

表11.2 普通和加工出口隐含国外碳排放

出口类型	省市	出口隐含排放/万吨	部门	出口隐含排放/万吨
普通出口	广东	3670	金属制品	1896
	上海	2711	电子设备	1579
	江苏	1606	化工产品	1400
	浙江	1490	纺织品	1176
	山东	888	电气设备	1079
加工出口	广东	7097	电子设备	7854
	江苏	4081	电气设备	2473
	上海	1809	化工产品	2047
	山东	1162	一般设备	1772
	浙江	743	金属制品	1264

明确的全球贸易隐含碳排放流动图是确立以贸易为基础的气候规则。然而，区分各地区或部门普通出口和加工出口是比较麻烦的，根据实际情况，本书建议政策制定者关注沿海地区的制造品出口，通常加工出口企业在制造品部门相对密集。

随着全球产业分工参与度增加，出口隐含碳排放量强度降低。这表明相比其他国家，中国在一定程度上更集中于清洁生产。在全球生产网中，发达国家主要将劳动密集型生产外包给中国，因为中国有丰富的劳动力资源和低廉的劳动力。中国相比在其他地区完成同样的生产环节会产生更多的碳排放，但中国通过减少其他碳密集型产品的出口，实现了出口隐含碳排放量的降低。近年来，参与到加工出口的经营公司从沿海省份向内陆省份迁移，如河南、四川和山西，因此这些内陆省份在全球产业分工中的参与度也较高。本书研究进一步检验了全球价值链参与度和中国全部制造部门出口隐含碳排放强度的关系。结果表明如果全球价值链的参与度每增加 0.1（范围为 0～1），中国出口隐含本国碳排放强度就会降低 21.3%。这意味着中国参与全球产业分工减少了中国出口中隐含的国内排放。生产全球化意味着中国可以用从发达国家进口的中间投入取代国内中间投入。

将中国出口隐含国外碳排放与出口规模的比值作为因变量，表 11.3 表明全球产业分工的参与度的提高会增加出口隐含国外碳排放强度。全球产业分工参与度增加 0.1 时中国出口隐含国外碳排放强度会增加 20.4%。总排放综合了中国出口中隐含的国内和国外碳排放。全球产业分工参与度增加 0.1 时，中国出口中总的碳密度将会降低 11.7%。这意味着尽管中国出口过程中隐含的国外排放会增加，但中国参与全球产业分工减少了出口中隐含的国内排放。生产全球化意味着中国可以用从发达国家进口而来的中间产品投入取代国内中间产品投入。发达国家相比中国碳强度更低，因此生产全球化意味着中间产品的增加，可以帮助降低中国出口中的碳排放。本章进一步检验了在部门和地区层面，全球产业分工参与度和出口隐含碳排放强度的关系。

表 11.3　全球产业分工参与度与出口碳排放强度相关关系

变量	ln（出口碳排放强度）		
	本地排放	国外排放	总排放
截距项	6.90*** (0.13)	4.56*** (0.13)	6.88*** (0.10)
全球价值链参与度	–2.39*** (0.16)	1.86*** (0.16)	–1.24*** (0.12)
区域固定效应	Y	Y	Y
部门固定效应	Y	Y	Y
变量数	300	300	300
拟合优度	0.84	0.79	0.84

***表示在 1%水平上显著

第四节　本 章 小 结

在全球化的进程中，中国积极参与到全球生产机制中，经济快速发展。以煤炭为基础的能源结构使得如果全部生产环节转移到中国，中国在生产过程中就会排放更多的二氧化碳。然而，中国可以通过集中于特定的生产环节减少二氧化碳的产生，而不是进行高碳强度的出口。通过比较普通出口和加工出口，以及拟合全球化和出口碳强度之间的关系，研究表明生产全球化可以使中国出口更清洁环保。本章进一步讨论了全球生产网络的未来趋势和其对碳强度的影响。

首先，世界经济正处于去全球化的阶段越发引得关注，这将重塑全球碳流网络。从短期来看，去全球化会减少国际贸易并降低二氧化碳相关排放物。然而从长期来看，去全球化可能威胁到国际共同应对气候变化问题。尽管各国在特定生产阶段尚处于不利地位，仍都需建立更加完善的工业系统去满足它们的最终需求。重建全球供应链将会导致额外的二氧化碳排放。这一问题在发展中国家更为严重，这些国家的碳强度更高并且不能通过集中于他们相对清洁的工业的发展来参与到全球生产网中。此外，国际合作是各国应对气候变化问题的基础，但去全球化会阻碍国际合作，“搭便车”的问题将会更加严重。政策制定者应该更关注去全球化在应对气候变化方面的潜在影响。

其次，外商企业正在将供应链从中国移向其他发展中国家，如越南。这些发展中国家正在取代中国在全球生产网的地位，且近年来加工出口在中国总出口的比重在减少。通过持续增加劳动力报酬，中国的出口形式正在尽力从劳动力密集型产品转向技术密集型产品，这意味着更高的附加价值和更低的污染。近年来中国已经发布禁止加工贸易商品年鉴，主动去限制低附加价值和高污染产品的加工贸易。通过持续优化出口结构，中国出口的碳密度预计会更低，中国提升了全球价值链并且逐渐转向上游生产活动。同时，中国的经验可以为其他发展中国家在处理贸易-环境难题中提供重要的指导。尽管发展中国家相对发达国家处于绝对劣势的状态，但发展中国家也应该充分发挥自身的相对优势积极参与到全球生产网络中。生产全球化不仅创造新的机遇，如资本的易得、技术的快速转型和生产资源的有效分配，还为发展中国家带来了挑战。例如，生产全球化会造成全球生产系统的紊乱和工人安全问题。随着更多地区集中于当地有相对优势的特定生产活动，政策制定者主要担忧供应链的脆弱性。一个国家的经济波动可能随供应链扩散并且危及全球生产网络，也就是通常为人所知的溢出效应。一个国家的排放物不仅受其自身出口的影响，还会被供应链中他国出口所影响。作为世界最大的碳出口国，中国潜在的出口波动可能会随着供应链扩散再影响全球碳流网。纵观中美贸易紧张局势的影响，国际货币基金组织表明如果美国对中国出口的关税增加

25%，中国出口将会降低 3.63%～5.54%。本章对 2012 年中国出口中二氧化碳排放物的减少进行了情景分析。研究发现中国贸易减少的溢出效应对于隐含在出口中的国外排放的影响要比其对于最大的出口省份——广东的影响要大。政策制定者在计算贸易的环境影响时需要考虑溢出效应的作用，尤其是对于中国等在全球供应链中处于下游生产地位的国家。

本章研究存在局限性且存在值得进一步探讨的问题。首先，本章研究进行了隐含在 2012 年中国出口中二氧化碳排放物的静态分析。由于 2017 年的省级投入产出表在 2020 年公布，所以未来的研究可以更新数据库并分析出口隐含二氧化碳排放的变化。其次，本章研究针对中国的贸易异质性，然而加工类出口在其他发展中国家中可能占比较高，如墨西哥。未来的研究可以在数据充分的情况下，采用本章提出的方法去讨论生产全球化对于其他国家的影响。最后，本章研究对于生产全球化和其对于二氧化碳排放潜在影响的最近趋势只进行了定性讨论。未来的研究可以补充关于去全球化潜在影响的定量计算。

第十二章　全球产业分工加剧了中国排放的地域不公平性

中国积极融入全球产业分工体系不仅推动了本国经济快速发展，而且导致了碳排放量的快速增长。但是中国出口隐含的增加值和碳排放在不同地区之间的分布是不均匀的。本章从全球产业分工的视角，分析了中国不同地区参与全球产业分工方式的差异性，并阐述了中国出口隐含增加值和排放的空间错配效应。本章首先将中国多区域投入产出表嵌入全球投入产出表，其次分析了中国最终品出口、直接价值链出口和间接价值链出口隐含的碳排放和增加值。研究发现沿海省份以更加直接的方式融入全球产业分工，而内陆省份主要通过为沿海省份提供中间品的方式间接参与到全球产业分工体系中。全球产业分工的直接参与度与贸易隐含增加值和碳排放的错配率负相关，而全球产业分工的间接参与度与贸易隐含增加值和碳排放的错配率正相关。中国在融入全球产业分工体系的过程中加剧了中国区域间收益和排放分配的不公平性问题。

第一节　中国参与全球产业分工及隐含排放研究现状

全球产业分工作为当今经济的一个重要特征，在促进商品流动的同时（Antràs et al.，2012；Meng et al.，2020；Pei et al.，2017），也导致了碳减排责任在不同区域间的重新分配。国际贸易不仅导致了发达国家和发展中国家之间差距的扩大（Jiang et al.，2015b；Meng et al.，2018a；Prell and Sun，2015；Zhang et al.，2018），而且还导致了一个经济体内部不同地区之间差距的扩大（Liu et al.，2015；Yang et al.，2019；Zhao et al.，2015，2016）。现有研究已经发现中国不同地区参与全球产业分工体系的形式具有明显差异。沿海发达省份是商品的主要消费地和出口地，而内陆地区是原材料的主要供应地。沿海省份通过参与全球产业分工获得了更多的经济收益，而内陆省份为了支持沿海省份出口排放了大量污染物。沿海省份主要是出口最终品到国际市场，而内陆省份主要是出口中间品到国际市场（Meng et al.，2012，2013b）。本章重点分析了中国不同地区参与全球产业分工的不同形式，分析国际贸易对于区域间不公平性的影响。

随着全球产业分工的深化，前人逐渐从不同层面分析贸易与隐含排放的关系（Liu et al.，2015；Zhang et al.，2017a；Meng and Yamano，2017）。Meng 等（2018a）从全球价值链的视角分析了国际贸易隐含增加值和碳排放。全球产业分工导致不同生产环节可以分布在不同地区（Dietzenbacher and Romero，2007；Pei et al.，2018；Krugman et al.，1995）。一个地区可以通过出口直接参与到全球产业分工体系中，但也可能通过为出口地提供中间品间接参与到全球产业分工体系中（Meng et al.，2013a）。现有文献主要关注双边贸易隐含碳排放和收益，无法刻画不同地区参与全球产业分工体系形式的差异性（Li and Hewitt，2008；Zhang et al.，2017a）。前人已经证明不同贸易形式对于贸易隐含增加值和污染具有不同的影响方式，因此本章从贸易异质性的角度分析中国不同地区隐含收益和排放错配效应。

衡量一个地区在全球产业分工系统中所处的位置具有不同的测算方法（Koopman et al.，2010；Wang et al.，2015b）。比如，Koopman 等（2014）用一个地区生产的产品用于国际产业分工的份额作为一个地区参与全球产业分工的参与度，而一个地区在全球产业链的位置由该地区距离全球价值链两端的距离决定。基于 Koopman 等（2008，2010）的研究，Meng 等（2013a）计算了中国不同区域的垂直专业化程度，发现沿海地区与内陆地区相比具有更高的垂直专业化水平；沿海地区出口隐含的国外增加值的份额要高于内陆地区，并进一步指出了一个地区可以直接或者间接参与到全球产业分工体系中。本章采用的是 Wang 等（2015b）提出的全球价值链参与度指标，利用投入产出方法衡量一个地区在全球产业分工体系中的位置。多区域投入产出模型被广泛应用于分析国际生产网络中隐含收益与污染的不公平分布问题（Li and Hewitt，2008；Lin and Sun，2010；Pei et al.，2017；Prell，2016；Yang et al.，2019；Zhang et al.，2018）。但是，现有的全球投入产出表并没有考虑中国区域内部各省份经济特征差异。为了解决该问题，本章将中国多区域投入产出表嵌入全球投入产出表，进而分析不同区域在全球产业分工中的位置（Meng et al.，2013a；Meng and Yamano，2017），以及出口隐含的各地区碳排放和增加值。

第二节　全球产业分工对区域排放影响分析框架

假设世界经济由 m 个区域构成，且每个区域的部门数为 n。$\boldsymbol{Z}$ 为中间投入矩阵；$\boldsymbol{X}=\begin{bmatrix}\hat{x}_{11} & 0 & \cdots & 0\\ 0 & \hat{x}_{22} & \cdots & 0\\ \vdots & \vdots & & \vdots\\ 0 & 0 & \cdots & \hat{x}_{mm}\end{bmatrix}$ 为产出矩阵；$\boldsymbol{A}$ 为中间投入系数矩阵。

$\boldsymbol{V}=\begin{bmatrix}\hat{v}_{11} & 0 & \cdots & 0\\ 0 & \hat{v}_{22} & \cdots & 0\\ \vdots & \vdots & & \vdots\\ 0 & 0 & \cdots & \hat{v}_{mm}\end{bmatrix}$为增加值矩阵；$\boldsymbol{Y}=\begin{bmatrix}\hat{y}_{11} & \hat{y}_{12} & \cdots & \hat{y}_{1m}\\ \hat{y}_{21} & \hat{y}_{22} & \cdots & \hat{y}_{2m}\\ \vdots & \vdots & & \vdots\\ \hat{y}_{m1} & \hat{y}_{m2} & \cdots & \hat{y}_{mm}\end{bmatrix}$为最终需求矩阵。根据投入产出表的平衡方程式得到

$$\boldsymbol{X}=\boldsymbol{A}^{D}\boldsymbol{X}+\boldsymbol{A}^{F}\boldsymbol{X}+\boldsymbol{A}^{\mathrm{CE}}\boldsymbol{X}+\boldsymbol{Y}^{D}+\boldsymbol{Y}^{F}+\boldsymbol{Y}^{\mathrm{CE}} \tag{12.1}$$

其中，$\boldsymbol{A}^{D}$为本地区中间投入系数矩阵；$\boldsymbol{A}^{F}$为本国中间投入系数矩阵；$\boldsymbol{A}^{\mathrm{CE}}$为国外中间投入系数矩阵；$\boldsymbol{Y}^{D}$为本地区最终需求矩阵；$\boldsymbol{Y}^{F}$为对本国其他地区最终需求矩阵；$\boldsymbol{Y}^{\mathrm{CE}}$为出口最终品矩阵。几个变量满足$\boldsymbol{A}=\boldsymbol{A}^{D}+\boldsymbol{A}^{F}+\boldsymbol{A}^{\mathrm{CE}}$和$\boldsymbol{Y}=\boldsymbol{Y}^{D}+\boldsymbol{Y}^{F}+\boldsymbol{Y}^{\mathrm{CE}}$。$\boldsymbol{L}=(\boldsymbol{I}-\boldsymbol{A}^{D})^{-1}$为本地区的里昂惕夫逆矩阵。

$$\boldsymbol{X}=\boldsymbol{L}\boldsymbol{A}^{F}\boldsymbol{X}+\boldsymbol{L}\boldsymbol{A}^{\mathrm{CE}}\boldsymbol{X}+\boldsymbol{L}\boldsymbol{Y}^{D}+\boldsymbol{L}\boldsymbol{Y}^{F}+\boldsymbol{L}\boldsymbol{Y}^{\mathrm{CE}} \tag{12.2}$$

定义$\boldsymbol{A}^{C}=\boldsymbol{A}^{D}+\boldsymbol{A}^{F}$和$\boldsymbol{Y}^{C}=\boldsymbol{Y}^{D}+\boldsymbol{Y}^{F}$，式（12.1）变形为

$$\boldsymbol{X}=\boldsymbol{A}^{C}\boldsymbol{X}+\boldsymbol{A}^{\mathrm{CE}}\boldsymbol{X}+\boldsymbol{Y}^{C}+\boldsymbol{Y}^{\mathrm{CE}} \tag{12.3}$$

整理式（12.3），得到

$$\boldsymbol{X}=\boldsymbol{B}^{C}\boldsymbol{A}^{\mathrm{CE}}\boldsymbol{X}+\boldsymbol{B}^{C}\boldsymbol{Y}^{C}+\boldsymbol{B}^{C}\boldsymbol{Y}^{\mathrm{CE}} \tag{12.4}$$

其中，$\boldsymbol{B}^{C}=(\boldsymbol{I}-\boldsymbol{A}^{C})^{-1}$为局部里昂惕夫逆矩阵。通过调整式（12.3）、式（12.4），可以将一个地区的碳排放量分解为不同部分：

$$\begin{aligned}\boldsymbol{E}=&\boldsymbol{F}\boldsymbol{L}\boldsymbol{Y}^{D}+\underbrace{\underbrace{\boldsymbol{F}\boldsymbol{L}\boldsymbol{Y}^{F}}_{\text{最终品}}+\underbrace{\boldsymbol{F}\boldsymbol{L}\boldsymbol{A}^{F}\boldsymbol{B}^{C}\boldsymbol{Y}^{C}}_{\text{中间品}}}_{\text{国内贸易}}\\&+\underbrace{\underbrace{\boldsymbol{F}\boldsymbol{L}\boldsymbol{Y}^{\mathrm{CE}}}_{\text{最终品}}+\underbrace{\boldsymbol{F}\boldsymbol{L}\boldsymbol{A}^{\mathrm{CE}}\boldsymbol{X}}_{\text{直接GVC}}+\underbrace{\boldsymbol{F}\boldsymbol{L}\boldsymbol{A}^{F}\boldsymbol{B}^{C}(\boldsymbol{A}^{\mathrm{CE}}\boldsymbol{X}+\boldsymbol{Y}^{\mathrm{CE}})}_{\text{间接GVC}}}_{\text{国际贸易}}\end{aligned} \tag{12.5}$$

其中，$\boldsymbol{F}$为碳排放系数矩阵。式（12.5）第一部分代表本地区生产且本地区消费的最终品隐含的排放，第二部分代表本地区生产且被本国其他地区消费的最终品隐含的排放，第三部分代表本地区生产的中间品并被本国其他地区消耗掉并与全球产业分工无关的商品隐含的排放，第四部分代表本地区生产且被出口到国外的最终品隐含的排放，第五部分代表本地区生产且被直接出口到国外的中间品隐含的排放，第六部分代表本地区生产且通过其他地区出口到国外的中间品隐含的排放。用同样的方式，我们也可以将一个地区的增加值分解为不同的部分：

$$\begin{aligned}\mathrm{Va}=\boldsymbol{V}\boldsymbol{B}\boldsymbol{Y}=&\boldsymbol{V}\boldsymbol{L}\boldsymbol{Y}^{D}+\underbrace{\underbrace{\boldsymbol{V}\boldsymbol{L}\boldsymbol{Y}^{F}}_{\text{最终品}}+\underbrace{\boldsymbol{V}\boldsymbol{L}\boldsymbol{A}^{F}\boldsymbol{B}^{C}\boldsymbol{Y}^{C}}_{\text{中间品}}}_{\text{国内贸易}}\\&+\underbrace{\underbrace{\boldsymbol{V}\boldsymbol{L}\boldsymbol{Y}^{\mathrm{CE}}}_{\text{最终品}}+\underbrace{\boldsymbol{V}\boldsymbol{L}\boldsymbol{A}^{\mathrm{CE}}\boldsymbol{X}}_{\text{直接GVC}}+\underbrace{\boldsymbol{V}\boldsymbol{L}\boldsymbol{A}^{F}\boldsymbol{B}^{C}(\boldsymbol{A}^{\mathrm{CE}}\boldsymbol{X}+\boldsymbol{Y}^{\mathrm{CE}})}_{\text{间接GVC}}}_{\text{国际贸易}}\end{aligned} \tag{12.6}$$

其中，$\boldsymbol{V}$ 为增加值系数矩阵。本章基于与全球产业分工相关的增加值所占的份额作为衡量一个地区参与全球产业分工程度的指标。一个地区直接参与全球产业分工的参与度指标为 $\frac{\boldsymbol{uVLA}^{\mathrm{CE}}\boldsymbol{Xu}'}{\boldsymbol{u}\mathrm{Va}\boldsymbol{u}'}$，间接参与全球产业分工的参与度指标为 $\frac{\boldsymbol{uVLA}^{F}\boldsymbol{B}^{C}(\boldsymbol{A}^{\mathrm{CE}}\boldsymbol{X}+\boldsymbol{Y}^{\mathrm{CE}})\boldsymbol{u}'}{\boldsymbol{u}\mathrm{Va}\boldsymbol{u}'}$，其中，$\boldsymbol{u}$ 为 $1\times mn$ 求和矩阵。

一个地区隐含出口增加值与污染的错配率和两个因素有关，一个是该地区不同部门的错配水平 $\mathrm{MR}_{rj\text{-}h}$，另一个是该地区的经济结构 $\boldsymbol{W}_{rj\text{-}h}$。本章将一个地区隐含出口增加值与污染的错配率分解为两部分

$$\mathrm{MR}_{r\text{-}h}=\sum_{j}\mathrm{MR}_{rj\text{-}h}\cdot\boldsymbol{W}_{rj\text{-}h} \tag{12.7}$$

本章的基础数据是 2012 年多区域投入产出表（Pan et al.，2018）和 2012 年全球投入产出表（Timmer et al.，2015），碳排放数据来自中国碳排放数据库（Shan et al.，2016）和国际能源署，另外还用到了海关数据。

第三节　全球产业分工与出口隐含排放与增加值

在 2012 年，中国出口隐含碳排放为 20.30 亿吨。本章将中国分为八个区域，分别为东北、北京和天津、东部沿海、南部沿海、北部沿海、中部、西南、西北地区。从区域的角度来看，沿海地区从出口获得经济收益的份额要大于内陆地区。在 2012 年，沿海地区获得了中国出口隐含增加值的 58%，而仅有 60%的出口隐含排放来自沿海地区。内陆地区产生了 60%的出口隐含排放，然而获得收益仅有 42%。该结果与现有文献的研究结论一致，即出口增加了中国地区间的不公平性（Zhang et al.，2018）。本节进一步分析了不同地区在不同贸易类型隐含碳排放和增加值的差异性。沿海省份隐含出口排放和增加值主要是由最终品贸易和直接价值链贸易推动的。比如，东部沿海的隐含在中国最终品出口和直接全球价值链贸易的增加值达到 3412 亿美元，占东部沿海地区隐含出口增加值的 75%。沿海省份凭借自己的地理优势，直接参与到全球产业分工体系。相反，内陆省份隐含出口增加值和碳排放主要是间接增加值贸易推动的。比如，西北地区隐含在中国间接增加值贸易中的碳排放达到 2.20 亿吨，占该地区与出口相关碳排放总额的 85%。由此可以看出，内陆省份主要通过间接的方式参与全球产业分工体系。

出口隐含碳排放与增加值存在区域错配问题，与地区生产结构和出口结构都有关系。比如，山西、宁夏等具有高碳排放强度的地区由于碳密集产品在其出口结构中占有更高的比重，从而具有更大的错配率。现有文献已经对不同地区之间生产结构和出口结构的差异性进行了论述（Chen et al.，2019；Wang et al.，2015b）。

本节进一步从全球产业分工角度对于出口导致的区域间隐含碳排放和增加值的错配问题进行分析。不同地区参与全球产业分工的参与度与其面临的错配率之间的关系如图 12.1 所示。

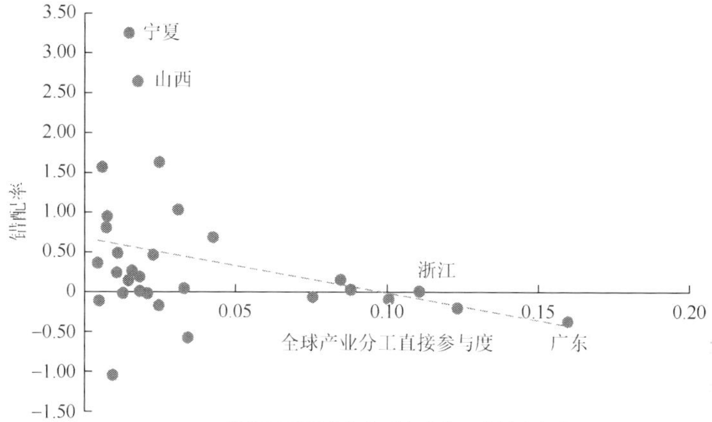

(a) 各地区错配率和全球产业分工直接参与度

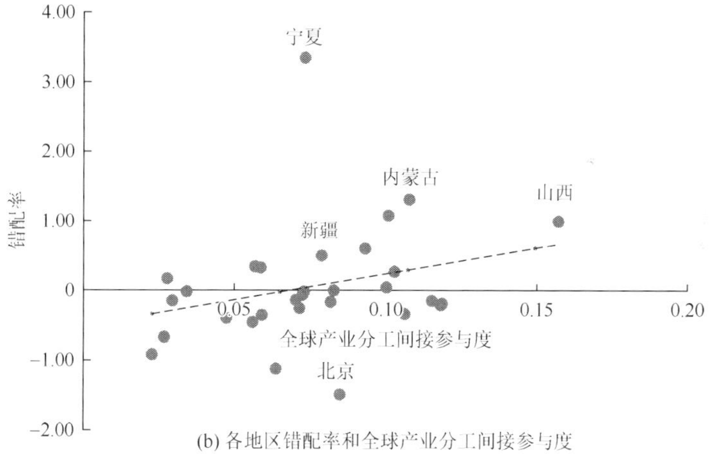

(b) 各地区错配率和全球产业分工间接参与度

图 12.1　全球产业分工的区域参与和出口增加值与碳排放的错配率

图 12.1 表明沿海地区具有更高的全球产业分工直接参与度，而内陆地区具有更高的全球产业分工间接参与度。其中广东的直接参与度最高，而山西的间接参与度最高。出口增加值与碳排放的错配率与全球产业分工的直接参与度负相关，而与全球产业分工的间接参与度正相关，即内陆地区通过为沿海省份出口提供原材料，以间接的方式参与全球产业分工会面临更高的排放，而获得收益的份额相对较低。也就是说，内陆省份为沿海省份出口提供了中间原材料，而出口的收益

主要留在了沿海省份。政策制定者应该鼓励内陆省份以更加直接的方式参与到全球产业分工体系，同时鼓励沿海省份将出口收益向内陆地区转移。由于出口隐含排放和增加值具有明显的部门异质性，那么政策制定者应该重点关注哪些部门来解决出口增加值和碳排放的错配问题。本节进一步从部门角度分析了中国不同地区参与全球产业分工对应的隐含排放和增加值。

农业和服务业部门对应着较低的出口增加值与碳排放的错配率。农产品出口对应的错配率在–1 到 2 之间，而交通部门对应的错配率在–0.8 到 1 之间。这两个部门具有相对较短的供应链长度，所以隐含排放和增加值在不同区域之间的分配相对均衡。相对而言，工业品出口对应的错配率更高，尤其是钢铁部门出口对区域间不公平性的影响最明显。在钢铁部门出口中，北京、广东等沿海地区对应的错配率为负值，即从出口中获得收益的份额要高于产生排放的份额，而内陆省份的情况刚好相反，这说明政策制定者为了解决中国在参与全球产业分工中面临的区域不公平性问题，需要重点关注工业产品出口。除此之外，政策制定者需要关注产业关联关系对于出口隐含排放的影响。比如，虽然中国电力直接出口较少，但是电力通过其他产品的间接出口规模相当大。而在我国电力价格是管制的，导致出口收益无法通过电价转移到供电地区。政策制定者需要综合考虑中国不同部门出口的特点和产业关联关系，制定合理的收益分享和责任分担机制，降低中国在参与全球产业分工过程中面临的区域不公平性问题。

第四节　本 章 小 结

本章分析了中国参与全球产业分工对于国内不同区域间不公平性的影响。研究发现沿海地区通过更加直接的方式参与到全球产业分工体系，而内陆地区通过向沿海地区提供生产出口产品所需的原材料间接参与到全球产业分工体系。全球产业分工的直接参与度与出口增加值与碳排放的错配率负相关，而全球产业分工的间接参与度与出口增加值与碳排放的错配率正相关。沿海省份通过参与全球产业分工获得的收益份额要高于其所对应的排放份额。内陆省份为生产供沿海地区出口使用的中间品产生了大量的排放，然而获得的收益却较少。另外，本章发现中国参与全球产业分工过程中，推动地区差距扩大的主要因素是工业品出口。政策制定者应该重点关注工业品生产过程中，经济收益和减排责任在全产业链不同地区的分担。

首先，中国应该尽快建立更加完善的跨区域补偿机制。沿海地区通过改革开放快速富裕起来，而内陆地区虽然为沿海地区经济发展做出了重要贡献，但是并没有能够公平地分享改革开放的福利。中央政府应该进一步出台措施，鼓励沿海地区对于内陆地区经济发展的推动作用，促进清洁能源生产技术从沿海地区向内陆地区转移。其次，中国应该进一步深化改革开放，使内陆地区能够有渠道直接参与到全球产业分工体系，能够直接从参与全球产业分工中获益。

本章仍然存在一些局限性。比如，本章没有考虑贸易异质性对于计算结果的影响。加工出口在中国出口中占有非常高的比重，未来研究可以进一步考虑加工出口和普通出口之间的区别对于计算结果的影响。另外，本章仅考虑了排放和增加值，但是由于地区不公平性的指标还有很多，如就业等，未来研究可以综合考虑多方面指标，全面分析中国参与全球产业分工对于地区不公平性的影响。此外，由于中国出口在近些年呈现出了新的特征，如与发展中国家贸易规模持续扩大，未来研究可以进一步分析与不同国家贸易对于区域之间不公平性影响的差异性。

第十三章　总　　结

全球产业分工与全球气候变化是工业革命之后产生的两个重要议题。本书从全球产业分工的视角探讨气候变化应对方案，专注于投入产出模型在这两个领域的应用。从研究背景与模型基础、产业分工与贸易隐含排放、产业分工与碳减排责任分解、产业分工与边境碳调整政策、全球产业分工视角下的中国碳排放五部分展开论述。本书提出的污染天堂假说检验方法、碳足迹跨境次数核算方法体系、基于投资的碳排放核算方法体系等能够为探究全球产业分工与全球气候变化之间的关系提供帮助。

本书仅是全球产业分工与气候变化领域的初步探索，尚有很多有意义的问题值得进一步深入探讨。2020 年 9 月，习近平总书记提出中国 2060 年实现碳中和，为气候变化领域的学者提出了更多新的选题（王金南，2021）。中国面临的国际发展环境已经发生了巨大变化，逆全球化思潮正在悄然兴起。在全球产业分工格局重塑的背景下，气候变化应对面临着一系列新的挑战，也应该是未来学术研究探索的方向。近些年来，不同机构都开始编制并不断更新全球投入产出表，为该领域学者提供了坚实的数据基础。基于多区域投入产出模型的全球产业分工分析体系近年来也在不断丰富，为深入挖掘数据背后的故事提供了方法支撑。该领域值得学者进一步深入探索，也希望本书能够对读者有所帮助。

参 考 文 献

陈红蕾，翟婷婷. 2013. 中澳贸易隐含碳排放的测算及失衡度分析[J]. 国际经贸探索，29（7）：61-69.

刘红光，范晓梅. 2014. 中国区域间隐含碳排放转移[J]. 生态学报，34（11）：3016-3024.

王金南. 2021. 一场广泛而深刻的经济社会变革[N]. 人民日报，2021-06-03（14）.

王直，魏尚进，祝坤福. 2015. 总贸易核算法：官方贸易统计与全球价值链的度量[J]. 中国社会科学，（9）：108-127，205-206.

张为付，杜运苏. 2011. 中国对外贸易中隐含碳排放失衡度研究[J]. 中国工业经济，（4）：138-147.

Afionis S，Sakai M，Scott K，et al. 2017. Consumption-based carbon accounting：does it have a future?[J]. Wiley Interdisciplinary Reviews：Climate Change，8（1）：e438.

Antràs P，Chor D. 2013. Organizing the global value chain[J]. Econometrica，81（6）：2127-2204.

Antràs P，Chor D，Fally T，et al. 2012. Measuring the upstreamness of production and trade flows[J]. American Economic Review，102（3）：412-416.

Arce G，Cadarso M A，López L A，et al. 2012. Indirect pollution haven hypothesis in a context of global value chains[C]. Netherlands：Final WIOD Conference：Causes and Consequences of Globalization：1-26.

Arce G，López L A，Guan D B. 2016. Carbon emissions embodied in international trade：the post-China era[J]. Applied Energy，184：1063-1072.

Bao Q，Tang L，Zhang Z X，et al. 2013. Impacts of border carbon adjustments on China's sectoral emissions：simulations with a dynamic computable general equilibrium model[J]. China Economic Review，24：77-94.

Böhringer C，Balistreri E J，Rutherford T F. 2012a. The role of border carbon adjustment in unilateral climate policy：overview of an energy modeling forum study（EMF 29）[J]. Energy Economics，34：S97-S110.

Böhringer C，Bye B，Fæhn T，et al. 2012b. Alternative designs for tariffs on embodied carbon：a global cost-effectiveness analysis[J]. Energy Economics，34：S143-S153.

Borghesi S，Franco C，Marin G. 2020. Outward foreign direct investment patterns of Italian firms in the European Union's emission trading scheme[J]. The Scandinavian Journal of Economics，122（1）：219-256.

Borin A，Mancini M.2015. Follow the value added：bilateral gross export accounting[Z]. SSRN Electronic Journal.

Bover O.2010. Wealth inequality and household structure：U.S. vs. Spain[J]. Review of Income and Wealth，56（2）：259-290.

Branger F，Quirion P.2014. Would border carbon adjustments prevent carbon leakage and heavy industry competitiveness losses? Insights from a meta-analysis of recent economic studies[J]. Ecological Economics，99：29-39.

Brizga J，Feng K S，Hubacek K. 2017. Household carbon footprints in the Baltic States：a global multi-regional input-output analysis from 1995 to 2011[J]. Applied Energy，189：780-788.

Cadestin C，Backer K D，Desnoyers-James I，et al. 2018. The OECD analytical AMNE database-Multinational enterprises and global value chains[Z]. OECD Trade Policy Papers，211.

Caron J. 2012. Estimating carbon leakage and the efficiency of border adjustments in general equilibrium— does sectoral aggregation matter?[J]. Energy Economics，34：S111-S126.

Chen Q R，Dietzenbacher E，Los B. 2015. Structural decomposition analyses：the differences between applying the semi-closed and the open input-output model[J]. Environment and Planning A：Economy and Space，47（8）：1713-1735.

Chen Y Y，Li Y N，Yan J. 2019. Tracing air pollutant emissions in China：structural decomposition and GVC accounting[J]. Sustainability，11（9）：2251.

Chow P C Y. 2012. The effect of outward foreign direct investment on home country's export：a case study on Taiwan，1989-2006[J]. The Journal of International Trade & Economic Development，21（5）：725-754.

Comyns B. 2018. Climate change reporting and multinational companies：insights from institutional theory and international business[J]. Accounting Forum，42（1）：65-77.

Condon M，Ignaciuk A. 2013. Border carbon adjustment and international trade：a literature review[Z]. OECD Trade and Environment Working Papers，6.

Conrad K. 2005. Locational competition under environmental regulation when input prices and productivity differ[J]. The Annals of Regional Science，39（2）：273-295.

Costinot A，Donaldson D.2012. Ricardo's theory of comparative advantage：old idea，new evidence[J]. American Economic Review，102（3）：453-458.

Cravens K S. 1997. Examining the role of transfer pricing as a strategy for multinational firms[J]. International Business Review，6（2）：127-145.

Dalin C，Konar M，Hanasaki N，et al. 2012. Evolution of the global virtual water trade network[J]. Proceedings of the National Academy of Sciences，109（16）：5989-5994.

Daniels J P，von der Ruhr M. 2014. Transportation costs and US manufacturing FDI[J]. Review of International Economics，22（2）：299-309.

Davis S J，Caldeira K. 2010. Consumption-based accounting of CO_2 emissions[J]. Proceedings of the National Academy of Sciences of the United States of America，107（12）：5687-5692.

Davis S J，Peters G P，Caldeira K. 2011. The supply chain of CO_2 emissions[J]. Proceedings of the National Academy of Sciences of the United States of America，108（45）：18554-18559.

Dean J M，Lovely M E. 2008. Trade growth，production fragmentation，and China's environment[R]. National Bureau of Economic Research.

Dietzenbacher E，Luna I R，Bosma N S. 2005. Using average propagation lengths to identify production chains in the Andalusian economy[J]. Estudios De Economía Aplicada，23（1）：43-48.

Dietzenbacher E，Mukhopadhyay K. 2007. An empirical examination of the pollution haven hypothesis for India：towards a green Leontief paradox?[J]. Environmental and Resource Economics，

36（4）：427-449.

Dietzenbacher E，Pei J S，Yang C H. 2012. Trade，production fragmentation，and China's carbon dioxide emissions[J]. Journal of Environmental Economics and Management，64（1）：88-101.

Dietzenbacher E，Romero I. 2007. Production chains in an interregional framework：identification by means of average propagation lengths[J]. International Regional Science Review，30（4）：362-383.

Dong Y L，Ishikawa M，Liu X B，et al. 2010. An analysis of the driving forces of CO_2 emissions embodied in Japan-China trade[J]. Energy Policy，38（11）：6784-6792.

Druckman A，Jackson T. 2009. The carbon footprint of UK households 1990-2004：a socio-economically disaggregated，quasi-multi-regional input-output model[J]. Ecological Economics，68（7）：2066-2077.

Du H B，Guo J H，Mao G Z，et al. 2011. CO_2 emissions embodied in China-US trade：input-output analysis based on the emergy/dollar ratio[J]. Energy Policy，39（10）：5980-5987.

Dunning J，Lundan S M. 2008. Multinational Enterprises and the Global Economy[M]. Northampton：Edward Elgar Publishing.

Fally T. 2012a. On the fragmentation of production in the US[D]. Boulder Lolorado：University of Colorado-Boulder.

Fally T. 2012b. Production staging：measurement and facts[D]. Boulder Lolorado：University of Colorado-Boulder.

Feng K，Davis S J，Sun L X，et al. 2013. Outsourcing CO_2 within China[J]. PNAS，110（28）：11654-11659.

Feng K S，Hubacek K，Guan D B. 2009. Lifestyles，technology and CO_2 emissions in China：a regional comparative analysis[J]. Ecological Economics，69（1）：145-154.

Fischer C，Fox A K. 2012. Comparing policies to combat emissions leakage：border carbon adjustments versus rebates[J]. Journal of Environmental Economics and Management，64（2）：199-216.

Fouré J，Guimbard H，Monjon S. 2016. Border carbon adjustment and trade retaliation：what would be the cost for the European Union? [J]. Energy Economics，54：349-362.

Gallego B，Lenzen M. 2005. A consistent input-output formulation of shared producer and consumer responsibility[J]. Economic Systems Research，17（4）：365-391.

Guo J E，Zhang Z K，Meng L. 2012. China's provincial CO_2 emissions embodied in international and interprovincial trade[J]. Energy Policy，42：486-497.

Hanna R M. 2010. US environmental regulation and FDI：evidence from a panel of US-based multinational firms[J]. American Economic Journal：Applied Economics，2（3）：158-189.

He J. 2006. Pollution haven hypothesis and environmental impacts of foreign direct investment：the case of industrial emission of sulfur dioxide（SO_2）in Chinese provinces[J]. Ecological Economics，60（1）：228-245.

Hertwich E G，Peters G P. 2009. Carbon footprint of nations：a global，trade-linked analysis[J]. Environmental Science & Technology，43（16）：6414-6420.

Hoekstra A Y，Wiedmann T O. 2014. Humanity's unsustainable environmental footprint[J]. Science，

344（6188）：1114-1117.

Holmes P，Reilly T，Rollo J.2011. Border carbon adjustments and the potential for protectionism[J]. Climate Policy，11（2）：883-900.

Hummels D，Ishii J，Yi K M. 2001. The nature and growth of vertical specialization in world trade[J]. Journal of International Economics，54（1）：75-96.

Jackson R B，Canadell J G，Le Quéré C，et al. 2016. Reaching peak emissions[J]. Nature Climate Change，6（1）：7-10.

Jakob M，Marschinski R. 2013. Interpreting trade-related CO_2 emission transfers[J]. Nature Climate Change，3（1）：19-23.

Jiang X J，Zhang Q，Zhao H Y，et al. 2015b. Revealing the hidden health costs embodied in Chinese exports[J]. Environmental Science & Technology，49（7）：4381-4388.

Jiang X M，Guan D B，Zhang J，et al. 2015a. Firm ownership，China's export related emissions，and the responsibility issue[J]. Energy Economics，51：466-474.

Kander A，Jiborn M，Moran D D，et al. 2015. National greenhouse-gas accounting for effective climate policy on international trade[J]. Nature Climate Change，5（5）：431-435.

King L C，van den Bergh J C J M. 2019. Normalisation of Paris agreement NDCs to enhance transparency and ambition[J]. Environmental Research Letters，14（8）：084008.

Koch N，Basse Mama H. 2019. Does the EU Emissions Trading System induce investment leakage? Evidence from German multinational firms[J]. Energy Economics，81：479-492.

Kolk A，Pinkse J. 2007. Multinationals' political activities on climate change[J]. Business & Society，46（2）：201-228.

Kolk A，Pinkse J. 2008. A perspective on multinational enterprises and climate change：learning from "an inconvenient truth"？[J]. Journal of International Business Studies，39（8）：1359-1378.

Koopman R，Powers W，Wang Z，et al. 2010. Give credit where credit is due：tracing value added in global production chains[R]. National Bureau of Economic Research.

Koopman R，Wang Z，Wei S J. 2008. How much of Chinese exports is really made in China? Assessing domestic value-added when processing Trade is Pervasive[R]. National Bureau of Economic Research.

Koopman R，Wang Z，Wei S J. 2014. Tracing value-added and double counting in gross exports[J]. The American Economic Review. 104（2）：459-494.

Koźluk T，Timiliotis C. 2016. Do environmental policies affect global value chains?A new perspective on the pollution haven hypothesis[Z]. Paris：OECD Publishing.

Krugman P，Cooper R N，Srinivasan T N. 1995. Growing world trade：causes and consequences[J]. Brookings Papers on Economic Activity，1：327-377.

Kuik O，Hofkes M. 2010. Border adjustment for European emissions trading：competitiveness and carbon leakage[J]. Energy Policy，38（4）：1741-1748.

Kuramochi T，Lui S，Höhne N，et al. 2019. Global climate action from cities，regions and businesses：impact of individual actors and cooperative initiatives on global and national emissions[R].

Lenzen M，Murray J，Sack F，et al. 2007. Shared producer and consumer responsibility—theory and practice[J]. Ecological Economics，61（1）：27-42.

Lenzen M，Murray J. 2010. Conceptualising environmental responsibility[J]. Ecological Economics，70（2）：261-270.

Leontief W W. 1936. Quantitative input and output relations in the economic systems of the United States[J] The Review of Economics and Statistics. 18（3）：105-125.

Leontief W W. 1941. Structure of the American Economy，1919-1929[M]. Cambridge：Harvard University Press.

Li A J，Zhang A Z. 2012. Will carbon motivated border tax adjustments function as a threat? [J]. Energy Policy，47：81-90.

Li Y，Hewitt C N. 2008. The effect of trade between China and the UK on national and global carbon dioxide emissions[J]. Energy Policy，36（6）：1907-1914.

Liang S，Qu S，Zhu Z Q，et al. 2017. Income-based greenhouse gas emissions of nations[J]. Environmental Science & Technology，51（1）：346-355.

Liang S，Wang H X，Qu S，et al. 2016. Socioeconomic drivers of greenhouse gas emissions in the United States[J]. Environmental Science & Technology，50（14）：7535-7545.

Lin B Q，Sun C W. 2010. Evaluating carbon dioxide emissions in international trade of China[J]. Energy Policy，38（1）：613-621.

Liu L. 2014. A critical examination of the consumption-based accounting approach：has the blaming of consumers gone too far? [J]. Wiley Interdisciplinary Reviews：Climate Change，6（1）：1-8.

Liu L C，Liang Q M，Wang Q. 2015. Accounting for China's regional carbon emissions in 2002 and 2007：production-based versus consumption-based principles[J]. Journal of Cleaner Production，103：384-392.

Liu Z，Davis S J，Feng K S，et al. 2016a. Targeted opportunities to address the climate-trade dilemma in China[J]. Nature Climate Change，6：201-206.

Liu Y，Meng B，Hubacek K，et al. 2016b.'Made in China'：a reevaluation of embodied CO_2 emissions in Chinese exports using firm heterogeneity information[J]. Applied Energy，184：1106-1113.

Liu Z，Guan D B，Wei W，et al. 2015. Reduced carbon emission estimates from fossil fuel combustion and cement production in China[J]. Nature，524（7565）：335-338.

López L A，Arce G，Zafrilla J E. 2013. Parcelling virtual carbon in the pollution haven hypothesis[J]. Energy Economics，39：177-186.

López L A，Cadarso M Á，Zafrilla J，et al. 2019. The carbon footprint of the US multinationals' foreign affiliates[J]. Nature communications，10：1672.

Marques A，Rodrigues J，Domingos T. 2013. International trade and the geographical separation between income and enabled carbon emissions[J]. Ecological Economics，89：162-169.

Marques A，Rodrigues J，Lenzen M，et al. 2012. Income-based environmental responsibility[J]. Ecological Economics，84：57-65.

McAusland C，Najjar N.2015. Carbon footprint taxes[J]. Environmental and Resource Economics，61（1）：37-70.

McKinsey Global Institute. 2010. Growth and competitiveness in the United States：the role of its multinational companies[R].（June）：1-88.

Meng B，Fang Y，Yamano N. 2012. Measuring global value chains and regional economic integration：an international input-output approach[Z]. IDE Discussion Papers，362.

Meng B，Peters G P，Wang Z，et al. 2018a. Tracing CO_2 emissions in global value chains[J]. Energy Economics，73：24-42.

Meng B，Wang J G，Andrew R，et al. 2017. Spatial spillover effects in determining China's regional CO_2 emissions growth：2007-2010[J]. Energy Economics，63：161-173.

Meng B，Wang Z，Koopman R. 2013a. How are global value chains fragmented and extended in China's domestic production networks?[Z]. IDE Discussion Papers.

Meng B，Xue J J，Feng K S，et al. 2013b. China's inter-regional spillover of carbon emissions and domestic supply chains[J]. Energy Policy，61：1305-1321.

Meng B，Yamano N.2017. Compilation of a regionally extended inter-country input-output table and its application to global value chain analyses[J]. Journal of Economic Structures，6（1）：1-38.

Meng B，Ye M，Wei S J. 2020. Measuring smile curves in global value chains[J]. Oxford Bulletin of Economics and Statistics，82（5）：988-1016.

Meng J，Liu J F，Xu Y，et al. 2015. Tracing Primary PM 2.5 emissions via Chinese supply chains[J]. Environmental Research Letters，10（5）：054005.

Meng J，Mi Z F，Guan D B，et al. 2018b. The rise of South-South trade and its effect on global CO_2 emissions[J]. Nature Communications，9：1871.

Messagie M，Mertens J，Oliveira L，et al. 2014. The hourly life cycle carbon footprint of electricity generation in Belgium，bringing a temporal resolution in life cycle assessment[J]. Applied Energy，134：469-476.

Mi Z F，Meng J，Green F，et al. 2018. China's "exported carbon" peak：patterns，drivers，and implications[J]. Geophysical Research Letters，45（9）：4309-4318.

Mi Z F，Meng J，Guan D B，et al. 2017. Chinese CO_2 emission flows have reversed since the global financial crisis[J]. Nature Communications，8：1712.

Monjon S，Quirion P. 2010. How to design a border adjustment for the European Union Emissions Trading System? [J]. Energy Policy，38（9）：5199-5207.

Monjon S，Quirion P. 2011. Addressing leakage in the EU ETS：Border adjustment or output-based allocation? [J]. Ecological Economics，70（11）：1957-1971.

Mundell R A. 1957. International Trade and Factor Mobility[J]. The American Economic Review，47（3）：321-335.

Muradov K. 2016. Counting borders in global value chains[Z]. SSRN Electronic Journal.

Narula R，Zanfei A. 2006. Globalization of Innovation：The Role of Multinational Enterprises[M]. Oxford：Oxford University Press.

Oosterhaven J，Bouwmeester M C. 2013. The average propagation length：conflicting macro，intra-industry，and interindustry conclusions[J]. International Regional Science Review，36（4）：481-491.

Pan C，Peters G P，Andrew R M，et al. 2018. Structural changes in provincial emission transfers within China[J]. Environmental Science & Technology，52（22）：12958-12967.

Pei J，Oosterhaven J，Dietzenbacher E. 2017. Foreign exports，net interregional spillovers and Chinese regional supply chains[J]. Papers in Regional Science，96（2）：281-298.

Pei J S，Meng B，Wang F，et al. 2018. Production sharing，demand spillovers and CO_2 emissions：the case of Chinese regions in global value chains[J]. The Singapore Economic Review，63（2）：275-293.

Peters G P. 2008. From production-based to consumption-based national emission inventories[J]. Ecological Economics，65（1）：13-23.

Peters G P，Andrew R M，Solomon S，et al. 2015. Measuring a fair and ambitious climate agreement using cumulative emissions[J]. Environmental Research Letters，10（10）：105004.

Peters G P，Hertwich E G. 2008a. CO_2 embodied in international trade with implications for global climate policy[J]. Environmental Science & Technology，42（5）：1401-1407.

Peters G P，Hertwich E G. 2008b. Post-Kyoto greenhouse gas inventories：production versus consumption[J]. Climatic Change，86（1/2）：51-66.

Peters G P，Minx J C，Weber C L，et al. 2011. Growth in emission transfers via international trade from 1990 to 2008[J]. PNAS，108（21）：8903-8908.

Peters G P，Weber C L，Guan D B，et al. 2007. China's growing CO_2 emissions：a race between increasing consumption and efficiency gains[J]. Environmental Science & Technology，41（17）：5939-5944.

Pethig R. 1976. Pollution，welfare，and environmental policy in the theory of comparative advantage[J]. Journal of Environmental Economics and Management，2（3）：160-169.

Pinkse J，Kolk A. 2010. Challenges and trade-offs in corporate innovation for climate change[J]. Business Strategy and the Environment，19（4）：261-272.

Prell C. 2016. Wealth and pollution inequalities of global trade：a network and input-output approach[J]. The Social Science Journal，53（1）：111-121.

Prell C，Sun L X. 2015. Unequal carbon exchanges：understanding pollution embodied in global trade[J]. Environmental Sociology，1（4）：256-267.

Sakai M，Barrett J. 2016. Border carbon adjustments：addressing emissions embodied in trade[J]. Energy Policy，92：102-110.

Schinko T，Bednar-Friedl B，Steininger K W，et al. 2014. Switching to carbon-free production processes：implications for carbon leakage and border carbon adjustment[J]. Energy Policy，67：818-831.

Serrano M，Dietzenbacher E. 2010. Responsibility and trade emission balances：An evaluation of approaches[J]. Ecological Economics，69（11）：2224-2232.

Shan Y L，Guan D B，Zheng H R，et al. 2018. China CO_2 emission accounts 1997-2015[J]. Scientific Data，5：170201.

Shan Y L，Liu J H，Liu Z，et al. 2016. New provincial CO_2 emission inventories in China based on apparent energy consumption data and updated emission factors[J]. Applied Energy，184：742-750.

Shui B，Harriss R C. 2006. The role of CO_2 embodiment in US-China trade[J]. Energy Policy，34（18）：4063-4068.

Steininger K W，Lininger C，Meyer L H，et al. 2016. Multiple carbon accounting to support just and effective climate policies[J]. Nature Climate Change，6（1）：35-41.

Su B，Ang B W. 2010. Input-output analysis of CO_2 emissions embodied in trade：the effects of spatial aggregation[J]. Ecological Economics，70（1）：10-18.

Su B，Ang B W. 2011. Multi-region input-output analysis of CO_2 emissions embodied in trade：the feedback effects[J]. Ecological Economics，71：42-53.

Su B，Ang B W. 2014. Input-output analysis of CO_2 emissions embodied in trade：a multi-region model for China[J]. Applied Energy，114：377-384.

Su B，Ang B W，Low M. 2013. Input-output analysis of CO_2 emissions embodied in trade and the driving forces：processing and normal exports[J]. Ecological Economics，88：119-125.

Tang J P. 2015. Pollution havens and the trade in toxic chemicals：evidence from U.S. trade flows[J]. Ecological Economics，112：150-160.

Tang L，Bao Q，Zhang Z X，et al. 2015. Carbon-based border tax adjustments and China's international trade：analysis based on a dynamic computable general equilibrium model[J]. Environmental Economics and Policy Studies，17（2）：329-360.

Taylor M S. 2005. Unbundling the pollution haven hypothesis. [J]. Advances in Economic Analysis & Policy，3（2）：1-28.

Timmer M P，Dietzenbacher E，Los B，et al. 2015. An illustrated user guide to the world input-output database：the case of global automotive production[J]. Review of International Economics，23（3）：575-605.

Timmer M P，Erumban A A，Los B，et al. 2014. Slicing up global value chains[J]. Journal of Economic Perspectives，28（2）：99-118.

Tukker A，de Koning A，Wood R，et al. 2013. Price corrected domestic technology assumption—a method to assess pollution embodied in trade using primary official statistics only. With a case on CO_2 emissions embodied in imports to Europe[J]. Environmental Science & Technology，47（4）：1775-1783.

Turner K，Munday M，McIntyre S，et al. 2011. Incorporating jurisdiction issues into regional carbon accounts under production and consumption accounting principles[J]. Environment and Planning A：Economy and Space，43（3）：722-741.

UNCTAD. 2002. World Investment Report 2002：Transnational Corporations and Exports Competitiveness[M]. Geneva：United Nations.

Walter I，Ugelow J L. 1979. Environmental policies in developing countries[J]. Ambio 8（2/3）：102-109.

Wang S X，Fu Y B，Zhang Z G. 2015a. Population growth and the environmental Kuznets curve[J]. China Economic Review，36：146-165.

Wang Z，Wei S J，Yu X D，et al. 2017. Characterizing global and regional manufacturing value chains：stable and evolving features[Z]. SSRN Electronic Journal.

Wang Z，Wei S J，Zhu K F. 2015b. Quantifying international production sharing at the bilateral and sector levels[Z]. Working papers.

Weber C L，Matthews H S. 2007. Embodied environmental emissions in U S international trade，1997-2004[J]. Environmental Science & Technology，41（14）：4875-4881.

Weber C L，Matthews H S. 2008. Quantifying the global and distributional aspects of American household carbon footprint[J]. Ecological Economics，66（2/3）：379-391.

Weber C L，Peters G P，Guan D B，et al. 2008. The contribution of Chinese exports to climate change[J]. Energy Policy，36（9）：3572-3577.

Wells L T. 1983. Third World Multinationals：The Rise of Foreign Investment from Developing Countries[M]. Cambridge，MA：The MIT Press.

Wiedenhofer D，Guan D B，Liu Z，et al. 2017. Unequal household carbon footprints in China[J]. Nature Climate Change，7（1）：75-80.

Wiedmann T，Lenzen M. 2018. Environmental and social footprints of international trade[J]. Nature Geoscience，11（5）：314-321.

Winchester N. 2012. The impact of border carbon adjustments under alternative producer responses[J]. American Journal of Agricultural Economics，94（2）：354-359.

Wu S M，Wu Y R，Lei Y L，et al. 2018. Chinese provinces' CO_2 emissions embodied in imports and exports[J]. Earth's Future，6（6）：867-881.

Xia Y，Fan Y，Yang C H. 2015. Assessing the impact of foreign content in China's exports on the carbon outsourcing hypothesis[J]. Applied Energy，150：296-307.

Xiao Y Y，Lenzen M，Benoît-Norris C，et al. 2017. The corruption footprints of nations[J]. Journal of Industrial Ecology，22（1）：68-78.

Xu Y，Dietzenbacher E. 2014. A structural decomposition analysis of the emissions embodied in trade[J]. Ecological Economics，101：10-20.

Yang C H，Dietzenbacher E，Pei J S，et al. 2015. Processing trade biases the measurement of vertical specialization in china[J]. Economic Systems Research，27（1）：60-76.

Yang X，Feng K S，Su B，et al. 2019. Environmental efficiency and equality embodied in China's inter-regional trade[J]. Science of the Total Environment，672：150-161.

Yi K M. 2003. Can vertical specialization explain the growth of world trade? [J]. Journal of Political Economy，111（1）：52-102.

Zhang Y G. 2009. Structural decomposition analysis of sources of decarbonizing economic development in China：1992-2006[J]. Ecological Economics，68（8/9）：2399-2405.

Zhang Y G，Tang Z P. 2015. Driving factors of carbon embodied in China's provincial exports[J]. Energy Economics，51：445-454.

Zhang Z K，Duan Y W，Zhang W. 2019. Economic gains and environmental costs from China's exports：regional inequality and trade heterogeneity[J]. Ecological Economics，164：106340.

Zhang Z K，Guo J E，Hewings G J D. 2014. The effects of direct trade within China on regional and national CO_2 emissions[J]. Energy Economics，46：161-175.

Zhang Z K，Guo J E，Qian D，et al. 2013. Effects and mechanism of influence of China's resource tax reform：a regional perspective[J]. Energy Economics，36：676-685.

Zhang W，Liu Y，Feng K S，et al. 2018. Revealing environmental inequality hidden in China's inter-regional trade[J]. Environmental Science & Technology，52（13）：7171-7181.

Zhang M，Mu H L，Ning Y D，et al. 2009. Decomposition of energy-related CO_2 emission over 1991-2006 in China[J]. Ecological Economics，68（7）：2122-2128.

Zhang Z K，Zhang Z X，Zhu K F. 2020. Allocating carbon responsibility：the role of spatial production fragmentation[J]. Energy Economics，87：104491.

Zhang Z K，Zhu K F，Hewings G J D. 2017a. A multi-regional input-output analysis of the pollution haven hypothesis from the perspective of global production fragmentation[J]. Energy Economics，64：13-23.

Zhang Z K，Zhu K F，Hewings G J D. 2017b. The effects of border-crossing frequencies associated with carbon footprints on border carbon adjustments[J]. Energy Economics，65：105-114.

Zhao H Y，Zhang Q，Guan D B，et al. 2015. Assessment of China's virtual air pollution transport embodied in trade by using a consumption-based emission inventory[J]. Atmospheric Chemistry and Physics，15（10）：5443-5456.

Zhao H Y，Zhang Q，Huo H，et al. 2016. Environment-economy tradeoff for Beijing-Tianjin-Hebei's exports[J]. Applied Energy，184：926-935.